HBJ ESTRELLAS DE LA LITERATURA

LEJOS Y CERCA

AUTORES

MARGARET A. GALLEGO
ROLANDO R. HINOJOSA-SMITH
CLARITA KOHEN
HILDA MEDRANO
JUAN S. SOLIS
ELEANOR W. THONIS

HBJ **HARCOURT BRACE JOVANOVICH, INC.**
Orlando Austin San Diego Chicago Dallas New York

Acknowledgments

For permission to reprint copyrighted material, grateful acknowledgment is made to the following sources:
Editorial Piedra Santa: "Periquito travieso" by Manuel José Arce, and "Se cayó la luna" by Emma Pérez, from *Poemas escogidos para niños* by Francisco Morales Santos. Copyright © 1987 by Editorial Piedra Santa. Published by Editorial Piedra Santa, Guatemala City, Guatemala.
CONAFE: "Pregones de Latinoamérica" by Antonio Ramírez Granados, from *Costal de cuentos y versos*. Copyright © 1984 by CONAFE. Published by CONAFE, México, D.F., México.
Laredo Publishing Company Inc.: *Pregones* and *El vuelo de los colibríes* by Alma Flor Ada. Copyright © 1993 by Alma Flor Ada. Published by Laredo Publishing Company, Inc., Torrance, California.
Agencia Literaria Carmen Balcells, S.A. "Pregón de España" by Rafael Alberti from *Rafael Alberti para niños*. Copyright © Rafael Alberti, 1984.
Published by Editorial Pax-México, México, D.F., México.
Editorial Herrero, S.A.: "Paisaje" by María Enriqueta, and "Hasta ahora lo entiende mi corazón" by Netzahualcóyotl, from *Literatura Hispano-Mexicana*. Copyright © 1970 by Editorial Herrero, S.A. Published by Editorial Herrero, S.A., México, D.F., México.
Viajes de Ozomatli y Don Armadillo by Mireya Cueto. Originally published by Editorial Amaquemecan, Amecameca, México © 1985.
SITESA: Salven mi selva by Mónica Zak. Copyright © 1987 by SITESA. Published by SITESA, México, D.F., México.
Editorial Labor, S.A.: "Cortaron tres árboles" by Federico García Lorca from *Canciones y poemas para niños*. Copyright © 1975 by Editorial Labor, S.A. Published by Editorial Labor, S.A., Barcelona, Spain.
Doncel: "Fabulilla" by Manuel Osorio y Bernard, from *Historia y antología de la literatura infantil en lengua española*. Copyright © by Doncel. Published by Doncel, Madrid, Spain.
Librería Hachette, S.A.: "Ronda y paisaje" by Juan Bautista Grosso from *Reír cantando*. Copyright © 1989 by Librería Hachette, S.A. Published by Librería Hachette, S.A., Buenos Aires, Argentina.
Instituto de Cultura Puertorriqueña: "De sólo esta luz" by Isabel Freire de Matos, from *Isla para niños*. Copyright © 1981 by Instituto de Cultura Puertorriqueña. Published by Instituto de Cultura Puertorriqueña, San Juan, Puerto Rico.
Proyecto Coedición Latinoamericana de Libros para niños (CERLALC)-UNESCO: "Antonio y el ladrón", by Saul Schkolnik, "El gigantón cabelludo" by Pierre Gondard, and "El zorro y el cuy" by Arturo Jiménez Borja, from *Cuentos de enredos y travesuras*. Copyright © 1986 by CERLALC. Published by Editorial Piedra Santa, Guatemala City, Guatemala, Editorial Peisa, Lima, Perú and Editorial Andrés Bello, Santiago, Chile.
Proyecto Coedición Latinoamericana de Libros para niños (CERLALC)-UNESCO: "El canto del chiquirín", by Marcela Valdeavellano, and "Leyenda de Acoitrapa y Chuquillanto", by Martín de Murúa, from *Cuentos y leyendas de amor para niños*. Copyright © 1984 by CERLALC. Published by Editorial Piedra Santa, Guatemala City, Guatemala, Editorial Peisa, Lima, Perú and Editorial Andrés Bello, Santiago, Chile.

continued on page 379

HBJ ESTRELLAS DE LA LITERATURA

Querido amigo:

En las páginas de este libro descubrirás diferentes situaciones relacionadas con nuestra tierra y nuestra gente. Ellas te hablarán de las rarezas de algunos animales, del amor de algunas personas y de la incomprensión de otras que, por codicia, explotan los recursos naturales sin pensar en el futuro, y de otras que por el contrario, tratan de conservarlos.

También conocerás a pueblos indígenas tal como vivían antes de la llegada de los europeos, sus costumbres y formas de organizar el trabajo. ¿Estaban ellos preocupados por cuidar y conservar la tierra? ¿Qué pensaban de los animales?

¿Y cuál es la historia de nosotros, los que estamos aquí?

Encontrarás todo esto entrelazado con la literatura de Latinoamérica y España, como homenaje al encuentro de las dos culturas y al reencuentro con nuestras raíces.

¡Que te diviertas!

Los Autores

LEJOS Y CERCA

Í N D I C E

MIS RAÍCES, MI TIERRA / 12

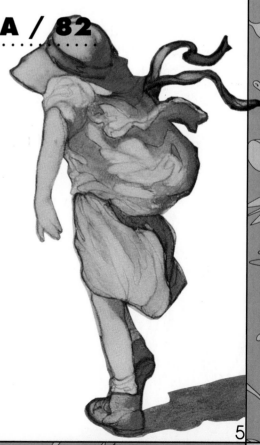

TRAVESURAS DE MI TIERRA / 208

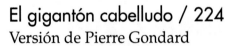

CUENTOS DE AMOR DE MI TIERRA / 248

MIS RAÍCES, MI TIERRA

Qué bonito es salir a la calle y ver a tanta gente
haciendo cosas diferentes, yendo y viniendo,
simplemente paseando u observando. Y ver también
a los vendedores, que ofrecen tantos productos
diferentes. ¡Le dan tanta vida a la ciudad! Pero, ¿qué
hacen los vendedores para anunciar lo que venden?

En este libro vas a conocer una manera simpática
de hacerlo, el pregón. Quizás ya no se acostumbre a
hacerlo, pero si preguntas a tus padres o abuelos, tal
vez ellos te cuenten cómo se hacía antes. ¿Se
acuerdan ellos de estas y otras historias del lugar
donde vivieron?

También conocerás a una familia que quizás como
la tuya dejó su tierra en busca de un nuevo porvenir.

Pregón de España

¡Vendo nubes de colores:
las redondas, coloradas,
para endulzar los calores!
¡Vendo los cirros morados,
y rosas, las alboradas,
los crepúsculos dorados!
¡El amarillo lucero,
cogido a la verde rama
del celeste duraznero!
¡Vendo la nieve, la llama
y el canto del pregonero!

Rafael Alberti

15

Pregones de Latinoamérica

¡Acérquense por aquí!
¡cambio y compro,
compro y vendo,
un cuento por otro cuento!

En mi costal de remiendos
traigo cuentos, cuenticuentos,
leyendas, coplas, en fin,
cosas de los tiempos idos
—para volverse a vivir—
y cosas de los tiempos nuevos.

¿Quién me cambia ..., cambio y vendo,
un cuento por otro cuento?

En mi costal de hilos viejos
traigo cuentos de conejos.

En mi costal de hilo y parches
traigo cuentos de tlacuaches.

En mi costal con tirantes
traigo cuentos de elefantes.

En mi costal de hilo y pluma
traigo cuentos de la luna.

En mi costal sin zapatos
traigo el cuento de unos gatos.

En mi costal con bigotes
traigo cuentos de coyotes.

En mi costal sin calzones
traigo cuentos de ratones.
En mi costal hecho a mano
traigo el cuento de un enano.

En mi costal con argüendes
traigo el cuento de unos duendes.

Y en el costal que te di
traigo el cuento que perdí.

¿Quién me cambia ..., cambio y vendo,
un cuento por otro cuento?

¡Miren que no soy de aquí
y me voy dentro de un rato!;
¡cámbienme gato por liebre
y también liebre por gato!;
¡cambio, vendo, compro, aparto ...!
¡Acérquense y hacemos trato!

Antonio Ramírez Granados

Más pregones

Solito vengo, señora,
con mi carga de pitayas;
traigo de todos colores,
cómpreme antes que me vaya.

Capulinero, señora,
que cada año vengo aquí;
vengo de tierras lejanas,
desde San Luis Potosí.

Popular

19

Pregones

de

Alma Flor Ada

Ilustraciones de Pablo Torrecilla

El primer pregón de cada día era el del panadero:

Pan...panadero...calentiiito...pan de leche...
 pan de huevo... calentiiito...

Amas de casa y criadas salían a su reclamo, en
busca del pan oloroso, mañanero. Al comprar el
pan, recogían también las botellas que ya había
dejado junto a la puerta el lechero, que recorría las
calles, mientras todos dormían, en su *araña*, el carro
amarillo de dos ruedas tirado por un caballo
madrugador.

El pan de la mañana nos llegaba acabadito de
hornear. A veces lo remojábamos en el café con
leche, o le untábamos mantequilla para luego
comerlo en bocados pequeños, saboreándolo. A mí
me gustaba arrancar la miga del centro, esponjosa y
tibia, y dejarla disolverse lentamente en la boca.

El panadero era un hombre grueso, con una calva brillante. Tenía un carro blanco, tirado por un caballo blanco también. A diferencia de la mayoría de los caballos que tiraban de carretones, *arañas* y *planchas*, que siempre se veían flacos y hambrientos, el del panadero estaba gordo y lustroso como su amo.

Yo lo esperaba con entusiasmo, porque me encantaban el pan casero y la sonrisa amable del panadero. Él me levantaba con sus brazos grandotes y me sentaba en el pescante del carro. Envuelta en la fragancia del pan recién horneado, me sentía como Cenicienta en su carroza, durante el breve trayecto hasta la casa de al lado, donde vivía mi bisabuela, y terminaba mi paseo.

A los tres años y temprano en la mañana no tenía la menor duda de con quién me casaría cuando fuera grande: el panadero.

A lo largo del día seguían los pregones. El viandero, tirando del bozal de una mula cargada con dos cerones bien repletos, pregonaba:

Malanga blanquiiita, yuca tieeerna, bonitos duuulces...

Sonreía de gusto mientras sacaba las viandas del fondo interminable de las grandes alforjas de paja.

—Mire, caserita, ¡qué calabaza! Las yucas están muy buenas. Y ¿no quiere ñame? Tengo unas papas buenísimas. Para freírlas, para puré... Y, ¿no lleva unas mazorquitas? Mírelas, mírelas, no va a encontrar maíz más tierno, caserita.

Y los frutos de la tierra iban pasando a los brazos de mi madre y cuando ella ya no podía sostener nada más, el viandero me ponía en las manos un trozo de calabaza, anaranjada, de gruesa corteza verde, diciendo: —Un poco de calabaza, niña, para que le dé buen sabor a la sopa...

El verdulero no pregonaba. Alto, delgado, colocaba en la acera los dos canastos que había traído en los extremos de una pértiga balanceada en los hombros, silencioso, con tanta dignidad como si lo que presentara a la vista de mi madre fueran joyas preciosas en lugar de lechugas tiernas, rabanitos picantes, lustrosos pimientos... Y en verdad era como si la lámpara de Aladino hubiera transportado un jardín florecido a nuestra puerta.

Mi madre iba eligiendo con cuidado, sin destruir el efecto artístico de las verduras y hortalizas, largas y tiernas habichuelas verdes, macitos de berro, una col perfecta en su redondez. Y, mientras las escogía, trataba de entablar conversación: —Y en China —preguntaba— ¿crecen rabanitos tan buenos como éstos?

El verdulero sonreía en silencio. Y sus ojos desaparecían en su rostro usualmente tan serio.

Una mañana, casi sin haber dado los *buenos días* ni dejado todavía los canastos en la acera, abandonada toda la reserva, le dijo a mi madre:

—E'to, señola, e'to es lo que clece en China...doce años sin vel, señola, hasta podel tenel dinelo pala pasaje...

Y empujaba hacia adelante, lleno de orgullo, a un chiquillo que, intimidado, no acertaba a levantar los ojos del suelo.

—M'ijo, señola, m'ijo, doce años sin vel...

Y se reía, con una risa alegre, haciéndonos admirar esta vez sí un tesoro, el tesoro por el cual había cultivado con esmero, tratándolas como joyas, tomates y lechugas, berros y rábanos, zanahorias y berenjenas, por tanto tiempo.

A veces se oía un pregón distinto. El pregón
musical, del silbato del afilador. Empujando su
rueda de amolar, montada sobre una simple
carretilla de madera, con un pedal que le permitía
hacerla girar, recorría el afilador las calles,
dispuesto a devolver su filo a cuchillos, tijeras,
machetes, cuchillas...
A mi madre, el silbido del afilador le recordaba un
tango y rompía a cantar sentimental:

Afilador,
no abandones tu pedal,
dale que dale a la rueda
que con tantas vueltas,
ya la encontrarás...

La tarde era de los dulceros. Pasaba uno pregonando:

Coquito acaramelaooo...

Traía en un hombro la caja de los dulces, y en el otro una tijera de madera, que abría para colocar su mostrador ambulante. A través de los costados de vidrio de la caja se veían los cuadraditos de dulce de leche y las bolas oscuras de dulce de coco. Pero mis favoritos eran los coquitos acaramelados. Dentro de la bola dorada de azúcar cristalizado se encerraba el coco rallado, blanco y húmedo de almíbar.

Otro pregón que me hacía salir ilusionada al portal era el de:

Barquillos, barquilleeero...

El barquillero no vendía directamente su mercancía, sino que por el precio de una moneda, se podía dar la vuelta a la ruleta instalada en la tapa del latón en que cargaba los barquillos. El número que saliera en la ruleta determinaba el número de barquillos, desde 1 que salía a menudo, hasta el codiciado 20, que rara vez salía.

El ingenio criollo se manifestaba de distintas maneras. El manicero se había construido un horno portátil con una vieja lata cuadrada a la cual le había puesto un asa y un doble fondo, debajo del cual llevaba tizones encendidos para mantener calientes los cucuruchos de maní tostado.

Su pregón característico:

> Maní, manicerooo...

Había dado lugar a una canción popularísima. Por eso no era extraño que al oírlo, alguien en la casa empezara a cantar:

> Maní, manicero se va...
> cuando la calle sola está
> casera de mi corazón,
> el manicero entona su pregón
> y si la niña escucha su canción
> llamará desde el balcón.
> Maní, manicero se va.
> Caserita, no te vayas a dormir
> sin comerte un cucurucho de maní.

Un pregón favorito para mis tíos era el
del tamalero:

Tamales...
Con picante y sin picante...

Igual que el manicero, el tamalero se valía de una
lata convertida en horno portátil, para transportar
su mercancía. La masa de harina de maíz
encerraba pedacitos de carne de puerco y, si se
habían pedido con picante, aparecía salpicada
de rojos trocitos de ají. La panca, que en la planta
envuelve a la mazorca, envolvía también a los
perfectos paquetitos que eran cada uno de los
tamales, triunfo y gloria del maíz.

Pero el pregón que yo esperaba con ansias era el del empanadillero:

De guayaba y caaarne...

¡Qué deliciosas las empanadillas! Las había de harina de maíz, gruesa y sustanciosa, rellenas de picadillo de carne, aderezado con pasas y aceitunas, o de harina de trigo, crujientes y tostaditas, rellenas de conserva de guayaba, que al freírlas se había ablandado hasta el punto de que, si las empanadillas estaban todavía calientes, la pasta oscura de guayaba chorreaba en la boca al morderlas.

Una tarde conseguí que me dejaran comprar a mí las empanadillas. Con un medio, una moneda de cinco centavos en la mano, me acerqué al empanadillero.

—¿A cómo son? —pregunté, tratando de que mi voz de cuatro años sonara como la voz de marchanta experimentada de mi madre.
—A dos por medio —me contestó complaciente el empanadillero.

La moneda menor era la de un centavo. Y yo, después de pensar un momento, pedí, muy segura: —Pues, déme dos, una de carne y una de guayaba, pero... ¡de las de dos centavos!

El empanadillero se moría de la risa de mi ocurrencia. Me envolvió las dos empanadillas y me devolvió un centavo.

Entré a la casa orgullosísima con mis dos empanadillas y el centavo, que me permitiría comprar al día siguiente un paquetito de galletitas *La Estrella* con una postalita del cuento de Gulliver. Pero, para mi sorpresa, mi padre, lejos de lo que yo esperaba, no celebró el uso al que había puesto mis rudimentarios conocimientos de aritmética.

—Dios no te ha dado la inteligencia para aprovecharte de los demás... —y aunque sin recriminación, había firmeza en su voz—. A ver, piensa, ¿quién necesita más ese centavo? ¿Tú, que quieres comprarte una galletita? ¿O el empanadillero que se gana la vida vendiendo empanadillas a dos por medio? —Y no dijo más.

Al día siguiente, en mi rincón favorito del jardín, debajo de la mata de carolinas, miré y remiré el centavo. Por un lado lucía la estrella solitaria, la de la bandera cubana. Por otro lado, el escudo nacional. El kiosco, donde vendían las galletitas *La Estrella*, estaba a media cuadra. ¿Qué postalita de Gulliver me tocaría si compraba una galletita? ¿La número cuatro que me permitiría completar, por fin, la primera página del álbum? ¿La que mostraba a Gulliver atado por los liliputienses y que me habían dicho era fácil de conseguir esa semana? Varias veces pensé ir al kiosco, pero nunca llegué a decidirme.

Esa tarde, volví a pedir permiso para ser yo quien comprara las empanadillas. Mi padre, sin decirme nada, sacó un medio del monedero de cuero, y me lo dio.

Corrí al portal en cuanto sentí el pregón:

Empanadiii...llas.

Y le pedí al empanadillero:
—Una de carne y una de guayaba, por favor.

Cuando me las entregó, con la misma sonrisa buena con que había celebrado mi gracia el día anterior, le di el medio que me había dado mi padre y el centavo que había guardado todo el día en el bolsillo de la bata, diciéndole:

—Éstas son de las de tres centavos...

Y mientras el empanadillero miraba, sin comprender muy bien, los seis centavos, me empiné, le di un beso y regresé feliz, con las empanadillas calientitas en la mano, a compartirlas con mis padres.

¿QUÉ TE PARECE?

1. ¿Por qué la niña le pagó al empanadillero seis centavos por dos empanadas?

2. ¿Crees que el empanadillero es una buena persona? Explica por qué lo crees así.

3. ¿Qué pregonarías si tuvieras que vender pescado?

ESCRIBE EN TU DIARIO

Escribe un pregón sobre tu comida favorita.

Reportaje:
Alma Flor Ada

¿Dónde naciste?

Nací en Cuba, en la ciudad de Camagüey, en una vieja casona llamada la Quinta Simoni, que era la casa de mis abuelos.

¿Cuántos hijos tienes?

Tengo cuatro hijos y un nieto. Mis hijos son la mayor riqueza de mi vida. Rosalma ha sido maestra y es también autora de libros para niños. Alfonso y Miguel son ingenieros de computadoras y Gabriel es contador. Mi nietecito se llama Timothy Paul.

53

¿Cuándo viniste a este país?

Vivo en este país en forma permanente desde enero de 1970. Antes había venido varias veces a los Estados Unidos. Estudié en Denver, Colorado y en Miami, Florida.

¿Cómo te sentiste cuando llegaste?

Cuando vine de jovencita me sentía con mucha nostalgia. Estaba fascinada con la belleza de las montañas de Colorado y con la nieve, pero extrañaba mucho a mi familia y a mis amigos. En 1970 me sentía bastante asustada de empezar una nueva vida y echaba de menos al Perú donde había vivido desde 1960.

¿Cuándo empezaste a escribir?

Publiqué mi primer libro en 1965. Como ya era maestra, los primeros libros que hice fueron textos escolares para alumnos de secundaria y eran las lecciones que había escrito para mis propios alumnos.

¿Sobre qué temas te gusta escribir?

La verdad es que me gusta escribir sobre muchos temas. Porque me gusta mucho la naturaleza, aparecen con frecuencia en mis libros animales, plantas y seres de la naturaleza. El último cuento que acabo de terminar es sobre nubes. Porque valoro mucho la amistad, me gusta escribir sobre ella, como en mis libros *Amigos* y *La hamaca de la vaca*. Porque respeto a los seres humanos y me parece hermoso que cada ser humano sea distinto y único, busco distintas maneras de dar este mensaje como en *El reino de la Geometría*. Y porque amo sobre todo a los niños, me gusta hablar de sus sentimientos como en mi libro *Mi nombre es María Isabel*.

¿Cuántos libros has escrito?

Pues ésta sí que es una pregunta difícil de contestar. Muchísimos. Tantos que llevo perdida la cuenta. Lo que sí me gustaría decir es que además de cuentos escribo poesía. Muchos de mis poemas han sido convertidos en canciones. Además he grabado muchos cassettes en que narro cuentos y digo adivinanzas, retahílas y trabalenguas. Últimamente he hecho tres videos y eso, ¡me encanta!

¿Siempre escribiste para niños?

No. He escrito algunos libros para adultos también. Pero me encanta escribir para los niños.

¿Cómo es que siendo cubana escribiste una historia sobre mexicanos?

Un hombre muy noble y sabio, de quien yo he aprendido mucho, José Martí, dijo que todos los hispanoamericanos tenemos la misma patria, la «Patria Grande», además de nuestras patrias individuales. Y tenía mucha razón. Yo amo mucho a Cuba, mi país. Pero hace 20 años que trabajo con niños, con maestros, con padres y con comunidades mexicanas. Y a través de ellos he aprendido a respetar , a admirar y a querer al pueblo mexicano hasta el punto de sentirlo mi «Familia Grande».

¿Qué consejos podrías dar a los niños de este país que hablan español?

Les diría que se sientan siempre muy orgullosos de ser hispanoamericanos. Y que practiquen su español: hablándolo, leyéndolo, escribiéndolo.

El español es el tercer idioma más hablado del mundo, donde hay más de 3,000 idiomas. Muchas de las más grandes obras literarias fueron escritas en español. Si una persona habla bien español e inglés, habla dos de los tres idiomas más importantes del mundo. Y eso es ¡una gran riqueza!

¿Qué consejos les darías a los niños a quienes les gusta escribir?

Que lean mucho y que escriban todo lo que tengan ganas de decir. A escribir se aprende leyendo. Mientras más uno lee, más fácil es escribir.

Y para escribir, todo lo que hace falta es un poco de papel o un cuaderno si queremos que parezca un libro fácilmente, y lápiz o pluma.

¡Qué gusto será leer algún día los hermosos libros escritos por los niños que lean estas líneas!

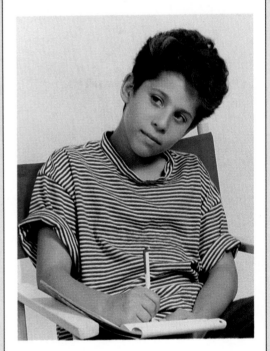

Reportaje realizado
por Paul Greenberg, alumno de la
escuela Tequesta Trace
en Fort Lauderdale, Florida

El vuelo de los colibríes

Alma Flor Ada

Ilustraciones de Zarella

En la cocina

Mi abuela se afanaba en la cocina. Faltaban dos días para la boda de mi tía Xochitl y había muchísimo que hacer. Abuelita estaba haciendo tamales. Siempre canturrea cuando cocina, pero, a veces, si yo ando cerca, platica conmigo. Algunas veces me explica lo que está haciendo. Me dice: —Tan pronto como la harina haya hervido suficiente, voy a empezar a amasar los tamales. Necesito cortar la carne en trozos para mecharlos.

Otras veces, en cambio, me cuenta cuentos. Esta vez, antes de la boda de mi tía Xochitl, me dijo: —Imagínate, ésta es la última que se me casa. Doce hijos, he tenido, y diez vivos, gracias a Dios. Y todos buenas personas, que es lo importante.

Yo escuchaba con gusto su voz suave, mientras pelaba un saco de cacahuates, como me había pedido que lo hiciera. Y, entonces, me preguntó: —¿Te he contado alguna vez cómo llegamos a los Estados Unidos?

Me lo ha contado muchas veces. Y yo sé que ella sabe muy bien que me lo ha contado. Por eso no dije ni «Sí» ni «No». Lo que dije fue: —Cuéntamelo, abuelita.

Ella se sonrió y me lo contó, una vez más.

El muro de piedra

«Vivíamos en Jalisco, en un rancho. Mi padre, que se llamaba Felipe—como tu padre— y mi madre, que se llamaba Guadalupe— como tú— y, claro, mis tres hermanos, mis dos hermanas y yo.

Teníamos una parcelita de tierra. Bueno, quizá no era nuestra, porque no teníamos papeles que dijeran que éramos dueños, pero era nuestra porque siempre habíamos vivido allí. Mi abuelo había limpiado la tierra, porque por esas partes hay montones de piedras y rocas.

Mi abuelo era pobre, no tenía una yunta de bueyes, ni siquiera un caballo para arar la tierra. Así que para cosechar jalaba el arado él mismo. Mi abuela iba detrás del arado, y rompía los terrones, cuando eran muy grandes. Mi padre y mis tíos, que entonces eran chiquillos, recogían las piedras sueltas y las llevaban al borde del campito. Las rocas grandes las cargaba mi abuelo. Y las fue colocando con cuidado, haciendo un muro alrededor del campo. Y lo hizo tan bien que el muro estaba todavía allí cuando nos fuimos, aunque mi abuelo había estado muerto y enterrado hacía muchos años para entonces.

Mi padre me contaba cuánto había trabajado su madre y su padre para limpiar la tierra.

—Por eso vamos a vivir siempre aquí— me decía.

Cuando sus hermanos crecieron, todos se fueron. Uno se mudó a la ciudad de Guadalajara y el otro se fue la a la capital, a la Ciudad de México. El más joven, mi tío Juan, se vino a los Estados Unidos, a Texas. Sólo uno se quedó cerca, mi tío Ramón, pero trabajaba como peón en una hacienda y no lo veíamos mucho.

Mi padre nunca pensó irse. Plantó cada pulgada de aquella tierra. Había una milpa, que lo ocupaba casi todo. Y luego, junto a la casa, sembró frijoles y chile. Entre los surcos de maíz sembraba calabazas. Mi madre tenía unas cuantas gallinas. Así que casi todo lo que comíamos lo cultivábamos o criábamos nosotros mismos. Y lo que sobraba, lo llevaban al mercado, dos veces al mes.

61

En los campos

Porque yo era la mayor, me mandaban al campo a llevarle a mi padre su almuerzo. Mi madre hacía tortillas de maíz. Amasaba la masa en la palma de las manos. Y la golpeaba, de mano a mano, flap, flap, flap, flap, hasta que quedaban parejitas y delgadas. Luego las cocinaba, justo a punto. Ya para entonces tenía lista una cazuela con frijoles. Ponía los frijoles en una vasija de barro y envolvía la vasija con una tela limpia. Las tortillas iban encima, envueltas en la tela, para que se mantuvieran húmedas y calientes. Mientras las envolvía siempre añadía dos más y me decía:

—Estas dos para ti, mi hija.

Cuando le llevaba la comida, mi padre dejaba lo que estuviera haciendo. Algunas veces estaba plantando, otras escardando o quitando las hierbas. Se sentaba bajo la sombra de uno de los dos árboles que estaban a cada lado del campo, el que quedara más cerca. Se sentaba en un tronco caído, debajo del algarrobo. O en una piedra grande y lisa debajo del árbol de mango.

Luego comíamos, mojando las tortillas calentitas en los frijoles. Era las misma comida día tras día, pero siempre sabía de lo mejor.

Entonces era cuando mi padre me hablaba, contándome cómo sus padres habían limpiado la tierra, a dónde se habían ido sus hermanos y cómo él siempre viviría en nuestra tierra.

Algunos días tenía algo para enseñarme. Me decía:

—Mire, hijita, mire el colibrí.

Y me enseñaba un hermoso picaflor. Una vez trajo de vuelta del mercado un gajito de madreselva y lo plantó junto al muro de piedra. Y la madreselva creció y cubrió todo un trozo del muro, y allí andaba una pareja de colibríes. Mi padre me decía que había querido que se sintieran bien acogidos, porque vienen desde muy lejos, desde el Norte, donde hace mucho frío en el invierno. Y decía:

—Imagínese todo lo que deben haber visto, viajando desde tan lejos.

Algunas veces observábamos juntos las nubes. Siempre me preguntaba qué veía yo en ellas. Y yo me quedaba mirándolas hasta que descubría un conejo, un pájaro, un árbol, un caballo en las formas de las nubes lejanas.

Yo comía despacito, chupando cada frijol, masticando una y otra vez el mismo pedacito de tortilla, para que el almuerzo no se acabara y no tener que coger la vasija de barro y regresar a la casa. Porque allí, en los campos, con mi padre, me parecía que era parte del mundo entero.

Pero de todas maneras, la vasija se vaciaba y mi padre se levantaba para seguir trabajando. Siempre me decía:

—Déle las gracias a su madre por la comida. Y dígale que regresaré cuando se ponga el sol.

En la casa había muchísimo que hacer. Teníamos que sacar agua del pozo y acarrearla, para lavar los cacharros y para regar los frijoles y el chilar. Teníamos que cortar zacate para las gallinas y para los conejos que mi madre criaba en una jaula. Y algunos días había que lavar la ropa, y había que traer más agua todavía. Y luego restregar, exprimir y tenderla al sol para secar.

Mi madre hacía sus tareas en silencio. Pero cada vez que pasaba junto a uno de nosotros nos ponía la mano en la cabeza, o nos sonreía. No tenía que decirnos que nos quería, lo sentíamos sólo estando junto a ella.

Los gallos de pelea

En esos tiempos al único de mis tíos que veíamos era a mi tío Ramón. No es que lo viéramos mucho, pero más o menos una vez al mes se pasaba un domingo con nosotros.

Mis hermanos se entusiasmaban mucho cuando venía, porque montaba un buen caballo y lo montaba al anca. Mis dos hermanitas y yo ayudábamos a mamá con la comida. Siempre trataba de hacer algo especial cuando venía mi tío. Preparaba chile relleno o unas enchiladas. Pero más que por la comida nos alegrábamos porque después de comer mi tío siempre nos contaba algún cuento.

Nos gustaba oírle contar la historia de *La llorona*, una mujer vestida de blanco que aparecía llorando junto al río en las noches de luna. Mi tío nos contó que él mismo la había visto un par de veces, en que había regresado muy tarde del pueblo. Después de terminar el cuento, y sobre todo cuando mis hermanitas se veían muy asustadas, cantaba con nosotros. Había una canción sobre la llorona y cuando cantábamos ya no nos sentíamos asustadas, sino contentas y tranquilas de estar en casa rodeadas de la familia.

Algunas veces mi tío venía el domingo por la mañana, pero no se quedaba más que unos minutos. Ni siquiera se bajaba del caballo cuando iba camino a una lidia de gallos.

Mi tío criaba algunos de los mejores gallos de la región. Nunca tenía más que dos o tres, pero siempre eran campeones. Cuando iba a lidiarlos, traía uno bajo el brazo, envuelto en un metate de paja. Al gallo sólo se le veía la cabeza. Y mi tío lo cargaba con tanto cuidado como a un bebé.

Un domingo le contó a mi padre que el dueño de la hacienda estaba tan deseoso de comprarle el Bermejo, el mejor de sus campeones, que le había pedido a tío Ramón que le pusiera precio, cualquier precio. Pero mi tío no estaba dispuesto a vender a un luchador que sólo había conocido victorias.

—¿Cómo si los quiere tanto los hace pelear?— le pregunté una vez a mi padre —. Me parece cruel...

—Todo ser humano necesita sentir orgullo de algo— me contestó mi padre.

—Me alegro que tú no vas a las peleas de gallos— respondí yo.

—Yo siento orgullo en la tierra— dijo mi padre—. Y en mi familia.

—Y se sentó tranquilo, frente a la casa, mirando las milpas, en las que el maíz crecía alto y verde.

La sequía

Un verano, cuando yo tenía ya nueve años, llovió muy poco. El maíz casi no produjo nada. Algunas matas no tenían mazorcas. Otras, tenían mazorcas, pero cuando las pelamos, sólo tenían unos cuatro granos, que no contaban para nada. Mi madre hervía las mazorcas y las chupábamos, pero había poco que comer.

Ese año mis padres no compraron nada en el mercado. Seguimos usando las mismas ropas. Y comíamos menos, pero la pasamos. Mi padre tenía una buena cantidad de semilla, guardada para un año malo. Y aunque no había mucho que comer nunca tocamos la semilla. Así que al año siguiente, mi padre tuvo semilla para sembrar.

Esperó hasta que hubieran bastantes nubes en el cielo, antes de plantar. Y como hubo un par de días de lluvia, el maíz retoñó. Pero luego dejó de llover. Las nubes desaparecieron. El cielo estaba limpio y se veía brillante y duro, como una pizarra. Y las plantitas de maíz se murieron todas. Y ahora no teníamos ni comida ni semilla.

Mi padre se veía más preocupado cada día. Y mi madre no sonreía nunca.

Una mañana, mi tío Ramón apareció en su caballo. Nos sorprendimos mucho, porque no era domingo ni nada. Mi tío andaba buscando a mi padre, y le dijo:

—¿Por qué no vas al pueblo a buscar semilla? La están dando a todos los que han sufrido con la sequía.

A mi padre no le gustaba la idea de pedir favores. Era casi como pedir limosna. Pero sin semilla no habría maíz, ni comida. Así que después de mirarnos un rato, en silencio, agarró su sombrero y se marchó al pueblo.

Regresó muy tarde. Parecía un hombre diferente. Nunca lo había visto caminar tan encorvado, como una rama torcida.

—No nos van a dar semilla—le dijo a mi madre, mientras todos observábamos en silencio—. Porque no tenemos papeles que digan que la tierra es nuestra.

Mi madre no le dijo nada. Pero le alcanzó un cuenco de sopa. Yo sabía que esa sopa había sido hecha con nuestra última gallina. Y había visto a mi madre llorar por primera vez mientras la cocinaba.

Mi padre miró la sopa. Pero no cogió la cuchara, sino que dijo:

—Es todavía peor. En el pueblo están hablando. Quieren estas tierras para criar ganado. Dicen que los que no tienen papeles se tendrán que ir.

—¿Papeles?—oí preguntar a mi madre, aunque su voz era apenas un murmullo.

—¿Qué papeles?

Y, entonces, por primera vez la oí gritar, tan alto que mis hermanos que se habían ido afuera regresaron corriendo: —Tú naciste aquí, ¡en esta casa!

Mi padre sólo movió la cabeza. Luego cogió la cuchara y empezó a tomar la sopa en silencio.

El campeón

Al día siguiente, mi padre fue a ver a mi tío Ramón. Cuando mi tío Ramón supo lo que había pasado, agarró a mi padre del brazo y lo llevó a ver al hacendado.

Lo encontraron en el establo, mirando a una yegua recién parida. Y mi tío le dijo que estaba listo para venderle al Bermejo y a sus otros dos gallos también.

—¿Y quién te ha hecho cambiar de idea, Ramón?— preguntó el hacendado.

—Mire, patrón, —le contestó mi tío—. Aquí mi hermano tiene su familia. Seis chamacos. Y no tiene semilla, ni papeles que digan que la tierra es suya. Aunque todos nosotros nacimos ahí. Así que hemos pensado que **mejor se va a Texas a buscar trabajo. Quizá le pueda mandar algo de plata a la familia.** Y por mientras, pues yo le estoy vendiendo los gallos para que la familia tenga algo que comer, hasta que él mande algo...

Entonces el patrón dijo: —Bueno, hombre, te compro los gallos. Les daré un saco de maíz y otro de frijoles, para que la familia se alimente hasta que les mande dinero. Y, si quiere, puede ir en mi camión hasta la frontera, pero no a Texas, a California. Allí es donde estoy mandando el camión pasado mañana.

Mi padre estaba decidido a irse. Pero a mi madre no le gustaba la idea de quedarse.

—Siempre hemos sido una familia— le dijo a mi padre—. Donde vaya usté, allí vamos todos.

Así que mi padre se fue de vuelta a ver al hacendado. Le agradeció su oferta y le preguntó si podrían ir todos en el camión.

—Una mujer y chamaquitos, patrón— le dijo—. No pesan mucho. Pueden echarse sobre los sacos de maíz y el camión ni los siente...

Y así vinimos a California..

En California

Primero pizcamos fresas cerca de Los Ángeles. Nos contrataron enseguida porque había tantas manos chiquitas. Y para las fresas las manitos pequeñas son las mejores.

Luego recogimos lechugas y alcachofas. Y pizcamos pepinos, betabel y brócoli. Y hasta a Oregón fuimos a pizcar manzanas. Y a Yuma, Arizona.

Todos los campos los conocemos, en los valles, en la costa. ¡Hasta la uva la hemos trabajado!

Mi padre y mi madre, al principio, ahorraban todo lo que podían, siempre pensando en regresar. Era el sueño de mi padre. Y cada noche hablaba de volver. Pero un día, todavía no sé cómo, cambió su sueño. Y se compró un camioncito, una troquita. Esa troca se volvió nuestra casa y nuestra tierra.

Las casas en que nos quedábamos nunca eran nuestras. Eran sitios para quedarse unos días, en cada campamento. El olor y los recuerdos de otras gentes flotaban en esas casas cuando entrábamos en ellas, y parecían estar flotando en ellas, cuando nos íbamos.

Pero en nuestra troca los únicos olores eran nuestros. En la troca nos movíamos como una familia, no mezclados en los camiones con los otros, como si fuéramos ganado. Y en la troca nos sentíamos libres. Algunas veces, al mediodía, mi padre paraba al lado del camino, junto a alguna valla anunciadora. Y allí, en la sombra de la valla, nos sentábamos a comer, sobre el zacate. Y mientras mi padre hablaba me parecía que estábamos de vuelta, sentados en el tronco bajo el algarrobo, o en la roca, bajo el mango.

Luego, poco a poco, cada uno de nosotros se fue asentando. Yo conocí a tu abuelo trabajando en las flores en Half-Moon Bay. Y ahora tengo mi propia tierrita y mis árboles de fruta. Y diez hijos. Y todos son buenas personas. Y eso es lo importante. »

Los colibríes

Para entonces, mi abuela tenía una pila de tamales para alimentar a toda la familia y a todos los invitados. Y yo hacía rato que había terminado de pelar los cacahuates y estaba lavando los trastes, calladamente, mientras ella hablaba.

Vino y se lavó las manos, en el fregadero, a mi lado. Yo la abracé y entonces me dijo:

—Ven, vamos a ponerle alimento a los colibríes.

No dijo nada más, mientras echaba agua con azúcar en el bebedero. Pero yo sabía, y ella sabía que yo sabía, que ambas estábamos pensando que quizá estos colibríes algún día se alimentarían en una madreselva, en Jalisco.

¿QUÉ TE PARECE?

1. ¿Por qué son importantes los colibríes para la abuela y la niña?

2. ¿Por qué fue a vivir a Los Estados Unidos la familia?

3. Explica por qué la tierra era tan importante para el padre de la abuela.

4. ¿Cómo hace la gente para no olvidarse de la historia de su familia?

5. ¿De dónde es originaria tu familia?

6. ¿Qué historias has escuchado de ella?

7. ¿Cuáles son los mejores recuerdos de tu familia?

ESCRIBE EN TU DIARIO

La abuela dijo que los momentos especiales con su padre eran cuando se sentaban juntos bajo el mango. Escribe un párrafo y describe un momento agradable que tuviste con una persona especial.

Poema de la siembra

En mitad del potrero mañanero,
mi padre labrador
diome un puñado de semillas rubias,
un puñado de sol,
y patriarcal y generoso, diome
la primera lección:

—Haz con el brazo un círculo sereno,
ancho y alucinado el ademán,
cual si fueras a dar al horizonte
un abrazo fugaz.

Avanza lento, acompasado, alegre,
lleno de poderosa idealidad;
bajo tus pies se escuchará el milagro:
la música del haz.

Entonces comprendí cómo se canta,
cómo se siembra el pan:
con la esperanza alerta
y el corazón en paz.

Fragmento

Antonio de la Torre

79

Desalojo

Ya está todo en los carros;
herramientas, enseres y también los muchachos
metidos entre fardos.
Ya está todo en los carros
no falta más que el «vamos».
Pero nadie se atreve a mover los caballos.

Parado en el pescante el chacarero aguarda,
mira el montón de adobes que ha quedado del rancho.
Su mujer a su lado con un niño en los brazos
inquiere con la vista qué es lo que está esperando
y lanza una mirada medrosa a los muchachos,
los recuenta y los nombra, ninguno queda abajo.
Pero nadie se atreve a mover los caballos.

Todavía un minuto, una mirada al campo.
El chacarero inmóvil, las riendas en las manos
y el sombrero agachado que le cubre los ojos
—ojos que de seguro están llorando—.
Pregunta si están todos y luego grita:—¡Vamos!. . .
Pero él es el último en mover los caballos.

Con un chirriar de ruedas
y un ruido de trastos,
y un griterío alegre entre los fardos
arrancaron los carros;
y el hombre todavía vuelve la cara y mira
en el convencimiento de que allí queda algo.
Algo que siendo suyo no ha cargado en los carros.
Diez años de su vida repletos de trabajo.
¿Adónde irán ahora a echar otros diez años?
Por el ancho camino trotan los caballos.

Juan M. Prieto

Círculo

Mi abuela es pequeña y distante,
llena de asuntos lejanos.
Situada al fin de muchos años
en el comienzo de mi padre.

Es pequeña como una aldea,
y desde ella mi padre un día
salió con su atado de música
a andar por la vida del mundo.

Mi padre fue de pueblo en pueblo,
fue por las ciudades, buscándome,
hasta divisarme escondido
bajo los ojos de mi madre.

Al fondo de sus ojos claros
estaba yo, como un guijarro.

Y mi padre, con el más tierno
de los esfuerzos de su vida,
me sacó a sufrir y a jugar
con los otros niños del mundo.

Y un día mi padre partió
hacia la tierra del silencio.
Llevaba los ojos cerrados
y en las manos un frío intenso.

Y la abuela ha permanecido
como una cosa de otra vida.
Pequeña aldea que visito
para soñar frente a sus ruinas.

Julio Barrenechea

T E M A

UN PASEO POR MI TIERRA

¿Sabes que todos los animales
tienen una particularidad? En estos cuentos
vas a ponerte en contacto con unos cuantos
animalitos de nuestra tierra.
Quizá aprendas mucho de ellos.
Vas a enterarte de algunas actividades que
ellos son capaces de hacer. ¿Te imaginas si ellos
pudieran hablar?
Bueno, ahora a prestar atención, ¡les
tocó el turno a ellos de dar sus opiniones!

Í N D I C E

· ·

Aria otoñal

Río de cristal, dormido
y encantado; dulce valle,
dulces riberas de álamos
blancos y de verdes sauces.

—El valle tiene un ensueño
y un corazón; sueña y sabe
dar con su sueño un son lánguido
de flautas y cantares—.

Río encantado; las ramas
soñolientas de los sauces,
en los remansos caídos,
besan los claros cristales.

Y el cielo es plácido y blando,
un cielo bajo y flotante,
que con su bruma de plata
acaricia ondas y árboles.

—Mi corazón ha soñado
con la ribera y el valle,
y ha llegado hasta la orilla
serena, para embarcarse:

pero, al pasar por la senda,
lloro de amor, con un aire
viejo, que estaba cantando
no sé quién por otro valle—.

Juan Ramón Jiménez

Viajes de Ozomatli y Don Armadillo

de Mireya Cueto
Ilustraciones de Deborah Ross

LIBRO
PREMIADO

Encuentro

El monito Ozomatli vive en la selva y sueña. Le gusta oír todos los ruidos que vienen de la maleza y sabe si grita el guacamayo o discuten los pericos. Ozomatli no puede estarse quieto: con toda esa cola tan larga se pasa la vida columpiándose. Toma vuelo y ¡zas! ya está en el árbol de enfrente rascándose un hombro y piensa a cuál rama saltará de nuevo.

Ozomatli tiene cinco dedos en las manos y le bastan para rascarse, treparse en todas partes y pelar plátanos, cacahuates y naranjas.

Ozomatli es muy listo y muy curioso. Un día encontró un espejito y le dio mucha risa ver a un mono igual que él. Quiso averiguar si ese mono tenía cola, volteó el espejo y ¡nada de mono! Entonces se puso muy enojado porque no entendía. Tiró el espejo y se echó a andar y pensar con las manos atrás y el pelo alborotado.

—¡Ya sé! Voy a buscar a Don Armadillo para que me explique.

Don Armadillo es un animalito muy raro: tiene concha y no es tortuga, ni tampoco es caracol. Su concha no es una concha cualquiera, está hecha de muchos pedacitos que forman un dibujo muy bonito. Además, los tatarabuelos de sus tatarabuelos de sus abuelos, como cuento de nunca acabar, empezaron a vivir en el planeta hace millones de años. Será por eso que Don Armadillo sabe muchas cosas.

89

El monito encontró al armadillo escondido en su concha. Ni el rabo asomaba.

—Toc, toc.

—¿Quién llama?

—Yo.

—¿Quién yo?

—Tu amigo Ozomatli.

Don Armadillo asomó su hociquito puntiagudo.

—Qué bueno que estás aquí. Me iba a empezar a aburrir dentro de mi concha.

—Te vengo a preguntar algo.

Ozomatli contó lo del mono desaparecido y el viejo armadillo se moría de risa.

Eres tú el mono ése.

—¡Cómo!

—Pues cómo. Te viste en un espejo fabricado por el hombre. Ellos inventaron poner mercurio en un vidrio y así todo se refleja mejor que en una fuente.

—Pero a mí me gusta más una fuente. ¿Cómo haré para saber más cosas?

—Ven conmigo y haremos un gran viaje por montes, selvas y bosques...

—Yo me encargaré de la comida.

El monito saltó por aquí, saltó por allá y regresó con plátanos, naranjas y melones. El problema principal, era que Don Armadillo prefería caminar por el suelo y Ozomatli por las copas de los árboles; pero quedaron en no perderse de vista.

Los dos amigos caminaron por la selva y llegaron a un lugar de orquídeas.

El colibrí

Don Armadillo andaba por allí buscando escarabajos cuando de repente...

—¡Quieto, Don Armadillo! —dijo Ozomatli.

—¿Qué, qué pasa?

—Vale la pena que te pongas los anteojos.

—Ya me los puse; ¿para dónde miro?

—Para allá... No, para allá. Está en aquella flor. Es como un helicóptero.

—Ya, ya lo vi por fin. Es tan chiquito... Es un precioso colibrí.

—¿Así se llama ese pajarito que es más pico que cuerpo?

—Tiene muchísimos nombres: pájaro mosca, chuparrosa, chupamiel, chupamirto, chupaflor. En tarasco se llama Tzintzuntzi.

—¡Qué bonito suena Tzintzuntzi Tzintzuntzi! Es una palabra que zumba si la dices aprisa.

—Igual que las alas del colibrí, que suenan como si tuvieran un motorcito. Es que baten cincuenta veces por segundo. ¿Te das cuenta? Baten para poder sostener al colibrí en el aire, mientras chupa la miel de las flores.

—¿Cómo hace para sacar la miel?

—Es muy sencillo. Estira su lengua formada por dos tubitos y sorbe de una sola vez todo lo que hay en el cáliz de la flor: el rocío, algun insectito y, claro, la miel. El azúcar le ayuda a producir esa gran cantidad de **energía que usa para moverse constantemente.**

—Debería estarse quieto para que podamos admirar sus plumas.

—Parece una flor voladora. Éste es verde tornasolado; pero los hay rojos, azules, anaranjados. En fin, existen como cuatrocientas variedades.

—¡Qué plumas tan brillantes tiene en el pecho!

—Sí, Ozomatli. ¡Y pensar que los hombres se atreven a cazarlos por miles y matarlos para robarles sus plumas!

—¡Qué infames! ¿Y para qué los quieren?

—Los antiguos mexicanos los usaban para hacer verdaderas obras de arte: telas, escudos, penachos. También creían, y algunos todavía lo creen, que traen la buena suerte a los enamorados.

—Deberían prohibir que los maten.

—Sí, porque además los colibríes ayudan a la reproducción de las plantas, igual que los insectos.

—¿Cómo es eso?

—Cuando meten su pico en la orquídea, por ejemplo, el polen se queda pegado en su cabecita; luego vuelan a otra flor y el polen se cae en su pistilo, y esto hace que se reproduzcan las plantas. O sea que el colibrí poliniza.

Ozomatli se quedó quieto como pensando.

¿En qué piensas Ozomatli?

—En un trabalenguas: el colibrí poliniza como buen polinizador. Aquél que lo despolinice será un buen despolinizador. A ver, dilo aprisa. A que no puedes.

—No, porque se me traba la lengua.

—¡Mira, mira Don Armadillo! ¡Una serpiente! Se está enroscando en una rama y se acerca al colibrí.

—La serpiente es enemiga del colibrí, igual que las ratas y otros roedores. Ojalá no lo alcance.

—Puedo asustar al colibri para que se vaya volando.

—¡No hagas eso! Porque entonces se moriría de susto.

—Lo bueno es que ya voló bien lejos y la serpiente se quedó chata.

Los dos amigos también se fueron de allí, con tal de no estar cerca de la serpiente.

Ozomatli comentó:

—El colibrí se salvó por la rapidez de su vuelo.

—Y no creas que sólo es rápido, es también muy resistente. Fíjate que es capaz de volar de México a Cuba, o sea de atravesar 700 kilómetros de mar.

—¡Qué bárbaro! ¡Y tan chiquito! Pero, dime, ¿quién lo podrá salvar de las redes, las trampas y las cerbatanas de los seres humanos?

—Los animales de América, como tú y yo, debemos tratar de ayudar a los colibríes porque son nuestros compatriotas. No hay colibríes ni en África, ni en Australia. Su tierra es Centroamérica y Sudamérica.

—Estoy de acuerdo: debemos tratar de hacer algo por ellos.

La cigarra

En un claro del bosque, Don Armadillo y Ozomatli decidieron sentarse a comer y a descansar, después de haber caminado mucho.

Bueno, eso de sentarse resulta imposible para Don Armadillo; de modo que se echó como pudo a comer su ración de insectos. Ozomatli tampoco se sentó, no porque no pudiera sino porque le cuesta mucho trabajo estarse quieto y la comida le sabe mejor cuando danza de un lado para otro.

Mientras Don Armadillo dormía su siesta, Ozomatli se fue de excursión aérea por las ramas de los árboles, casi como si tuviera alas.

Entre los muchos ruidos que siempre se oyen de los árboles, distinguió el canto de las cigarras.

—¿Dónde se meten las dichosas cigarras que nunca he visto ninguna?

Esta vez Ozomatli no quiso quedarse con la duda. Pisando suavecito, se fue acercando sin respirar hacia el lugar de donde se oía un ruidito así: riiiiiiiiiii, riiiiiii. Se acercó y vio un animalito.

Lo cogió entre sus dedos con muchísimo cuidado y lo guardó entre sus manos de modo que pasara aire entre los dedos, porque pensó: «se me hace que los insectos también respiran». La cigarra de puro susto dejó de cantar y como ni se movía, parecía muerta. Ozomatli corrió a donde estaba durmiendo Don Armadillo.

—Toc, toc.

—¿Quién es?

—Yo. Perdona que te despierte, pero es que quiero que me expliques cómo hace música esta cigarra y también para que me digas por qué dejó de cantar y de moverse en cuanto me le acerqué.

—Es que las cigarras son muy asustadizas y cuando alguien tiene mucho miedo, ¿cómo quieres que se ponga a cantar?

—Pero dime cómo canta.

—Una cigarra, Ozomatli, es un animalito maravilloso. Todo su cuerpo es como un violincito. No canta con la boca sino con la panza, o abdomen, que es hueca como la panza de una guitarra.

—Allí viene la cigarra con su guitarra.

—Y en lugar de cuerdas tiene una membrana llamada *címbalo*, que es la que produce la música al estirarse y aflojarse por medio de un músculo muy fuerte que la mueve.

—Entre más me explicas, más me asombra la manera de tocar de la cigarra.

—Y fíjate que nada más los machos tocan, todos al mismo tiempo formando una gran orquesta.

—Entonces es una orquesta de cigarros.

—No, Ozomatli, no se puede decir así. Se dice de cigarras macho.

—A mí me gusta más decir Don Cigarro Guitarrón.

—Y para que salga un guitarrón tan perfecto hacen falta cuatro, diez o hasta veinte años, según la clase de cigarras.

—No entiendo, Don Armadillo.

—Mira, de los huevos que pone la hembra salen unos gusanitos o ninfas que se pasan debajo de la tierra esos años. Al venir la primavera, les salen alas, cantan todo el santo día, se enamoran y se casan.

—Ah, entonces tocan para las bodas.

—Claro, Ozomatli.

—Todo lo que me has dicho me parece increíble. Pienso que es mejor oír a las cigarras en lugar de encerrarlas en la mano.

—Sí, déjala en ese tronco, porque ellas viven de la savia de los árboles, pero chupan tan poquita que al árbol no le pasa nada.

—¿Y cómo hace para chupar la savia, si la corteza es tan dura?

—Fíjate cómo hunde en la corteza algo como un aguijón muy afilado y se dedica a chupar la savia a sorbitos.

—¡Ya se puso a cantar!

—Sí, come y canta, come y canta.

—Pues el que come y canta, loco se levanta.

El zorro

Don Armadillo andaba muy ocupado buscando escarabajos para su merienda cuando de pronto se puso a gritar:

—¡Ozomatli! ¡Ozomatli! Corramos a escondernos a esa cueva.

Suerte que Ozomatli no estaba lejos y pudo contestarle luego.

—¿Qué? ¿Qué pasa?

—No preguntes nada. Corre, métete. No, mejor yo entro primero y tú tapas la entrada con esa piedra grande.

Ozomatli obedeció sin chistar mientras pensaba: «por algo debe ser... Don Armadillo es chiquito pero sabe mucho más que yo». A salvo los dos en la cueva, el Armadillo explicó:

—Lo que pasa es que algún animal, lobo, coyote o zorro, se está acercando a nosotros.

—¿Y cómo lo supiste?

—Lo olí. Por algo tengo esta nariz tan puntiaguda.

—¿Son malos esos animales?

—Para nosotros son malísimos, porque les gusta mucho nuestra carne. También comen gallinas y patos silvestres y no se diga los conejos.

—¿Y come monos?

—Es capaz. Lo que pasa es que en los lugares donde viven los monos no viven los zorros y viceversa.

—Con razón ni sé qué cara tiene un zorro; me gustaría conocerlo.

—Por esa rendija podemos verlo.

—Míralo. Se está acercando.

—Ya nos olió. Él también tiene muy buen olfato.

—Tengo miedo. Míralo: trata de quitar la piedra con el hocico y está furioso. ¡Qué colmillos tiene!

Ozomatli se puso a temblar y el corazón le brincaba como un sapito dentro del pecho. Don Armadillo lo abrazó y le dijo:

—No te asustes, Ozomatli, el zorro no podrá quitar la piedra porque no tiene manos como tú. Y toda su listeza no le servirá de nada.

—Pues si el zorro es tan listo, cuéntame alguna anécdota suya.

—Dicen que para quitarse las pulgas se va metiendo poco a poco en el agua. Las pulgas brincan a su cabeza; entonces él la hunde unos segundos y las pulgas saltan a una ramita que sostiene en el hocico y que deja fuera del agua. Luego suelta la rama y se va nadando de prisa para que las pulgas no se le suban de nuevo.

—Buena idea. Se me ocurre que yo podría hacer lo mismo, pero en lugar de sostener la rama en el hocico, la puedo sostener con la punta de mi cola.

—En ese caso.

—Bueno, pero ¿tú crees en eso del zorro?

—Yo no he visto ese chiste del zorro, pero lo que sí es cierto es que no se toma la molestia de hacer su propia madriguera: prefiere robarle la casa a otros animales.

—Y a poco los animales se dejan.

—A veces no tienen más remedio que salir de su madriguera y dejársela al zorro. Te contaré el caso del tejón.

Este animalito es muy limpio y le disgustan los malos olores. El zorro aprovecha y se dedica todos los días a hacer sus necesidades cerquita de la madriguera. El tejón se cansa de tener que limpiar tanta suciedad y prefiere irse a otro lado. Por cierto que el zorro ya se fue. Creo que podemos ir saliendo con cuidado, no sea que nos engañe.

—Tú y yo seremos más listos que él. Mira, Don Armadillo, podríamos hacer una trampa con...

—No, Ozomatli, no hagas como los hombres que nada más cazan por cazar. ¿Para qué queremos al zorro? Confórmate con estar vivo.

—Corrió como una flecha... Ya está bien lejos, míralo.

—¿Y mis anteojos?

—De aquí a que los encuentres. Allá lejos... el zorro se juntó con otros y todos caminan en fila como llevando el paso.

—Ah, lo que pasa es que todos van siguiendo una zorra y cada uno camina sobre la huella del que va delante de él.

—¿Y eso?

—Es para que los cazadores no puedan saber cuántos son.

Ozomatli quitó con gusto la piedra porque odia estar encerrado y los dos salieron, bastante tranquilos, porque el zorro estaba entretenido y se había olvidado de ellos.

¿QUÉ TE PARECE?

1. Describe a Ozomatli y a Don Armadillo.

2. ¿Por qué son importantes los colibríes para las plantas?

3. ¿Crees que es inteligente el zorro? Explica por qué sí o por qué no.

ESCRIBE EN TU DIARIO

Escribe algo que aprendiste acerca del colibrí, la cigarra y el zorro.

Las hormigas

Después del susto que se llevaron con el zorro, Ozomatli y Don Armadillo tuvieron ganas de comer, para poder después continuar su viaje científico por selvas y bosques, llanos y montañas.

—No me tardo, voy a buscar por los alrededores algunas frutas o bellotas. Lo malo es que por aquí no se dan plátanos que es la fruta que más me gusta— dijo Ozomatli.

—Pues a mí lo que más me gusta son las hortalizas. Aquí voy a escarbar. ¡Mira, hay hormigas!

—¿Tú comes hormigas Don Armadillo?

—No, yo no. El que las come es mi primo el oso hormiguero.

—Fuchi con las hormigas. Que se las agarre tu primo con ellas.
El armadillo se quedó muy pensativo.

—¿En qué piensas? Te ves triste.

—Pienso que es una lástima que al oso hormiguero le guste comer esos animalitos tan inteligentes.

—¿Inteligentes esas bolitas con patas? Ni cerebro han de tener. Oye, ya me picaste la curiosidad, cuéntame de las hormigas.

—Mejor busquemos un hormiguero, pero te advierto que para conocer la vida de las hormigas tienes que quedarte quieto siquiera un rato para poderlas observar, como hacen los científicos.

Echaron a andar por un caminito, Ozomatli se aguantaba las ganas de treparse a los árboles.

—Fíjate bien, Ozomatli, no pierdas la vista del suelo, fíjate. ¡Mira, mira, aquí va una hormiga cargando una hojita más grande que ella! No tenemos sino que seguirla y llegará al hormiguero.

La hormiga seguía su propio caminito a donde iban llegando otras compañeras cargadas con una piedrita o un pedacito de algo.

—Don Armadillo, mira qué cosa más rara, en este lugar caminan solas las hojas.

—No, Ozomatli, si te fijas, verás que debajo de cada hoja van dos o tres hormigas que se pusieron de acuerdo para cargarla.

—Sí que son listas... Ya llegaron a la puerta del hormiguero. Entre muchas están metiendo la hoja con grandes trabajos. A mí me gustaría saber qué hay debajo de ese cerrito de piedritas que es el hormiguero...

—Bueno... para ver el hormiguero por dentro tendríamos que destruírlo y a mi primo no le gustaría eso.

—¿Entonces me voy a quedar con las ganas de conocer la famosa inteligencia de las hormigas?

—No, no te enojes. Conozco los hormigueros por arriba y por abajo. Te contaré lo que pasa en esa ciudad bajo tierra.

—Ya vas.

—Pues imagínate la ciudad subterránea de las hormigas como si fuera un pastel partido de arriba a abajo por la mitad. ¿Ya te lo imaginas?

—Sí, un pastel partido.

—A distintas alturas, hay cámaras de distintos tamaños y comunicadas por distintos túneles.

—¿Y cómo es que esas cámaras y esos túneles no se tapan con la tierra que tienen encima?

—Buena pregunta, Ozomatli. Es que todas las hormigas son muy buenos albañiles e ingenieros: construyen sus cámaras y sus túneles con ramitas, briznas y piedritas, de modo que el aire circula por todas partes y no hay derrumbes.

—¡Increíble!

—Lo más importante es la cámara de la reina, que es la mamá de todas las hormigas, porque sólo pone y pone huevos todo el santo día.

—¿Y qué pasa con ese montón de huevos?

—Un equipo de hormigas los lleva a otra cámara en donde se convierten en unos gusanitos que se llaman larvas. Las hormigas-nanas las cuidan y les dan de comer.

—¿Larvas?

—Sí, así se llaman los gusanitos que luego se envuelven en un capullo durante unos días. Esto sucede en otra cámara.

—¿Y luego?

—Salen del capullo transformadas en hormigas y ¡a trabajar!

—¡Qué bárbaras!

—¡Y qué organización! trabajan en conseguir su comida y la de la reina, en construir, en limpiar... en guardar comida en la despensa.

—¿Y nunca descansan?

—En una cámara especial para dormir.

—Menos mal.

—Y también tienen, debajo, su cementerio.

—¡Qué raro!

—Ah, me faltó decirte que hay una clase de hormigas que tiene también un establo.

—¡Cómo! ¡Si una vaca es millones de veces más grande que una hormiga! El armadillo se quedó patas arriba de la risa que le dio.

—No, no tienen vacas sino unos pulgones verdes que les dan miel muy buena, y ellas los alimentan y los cuidan.

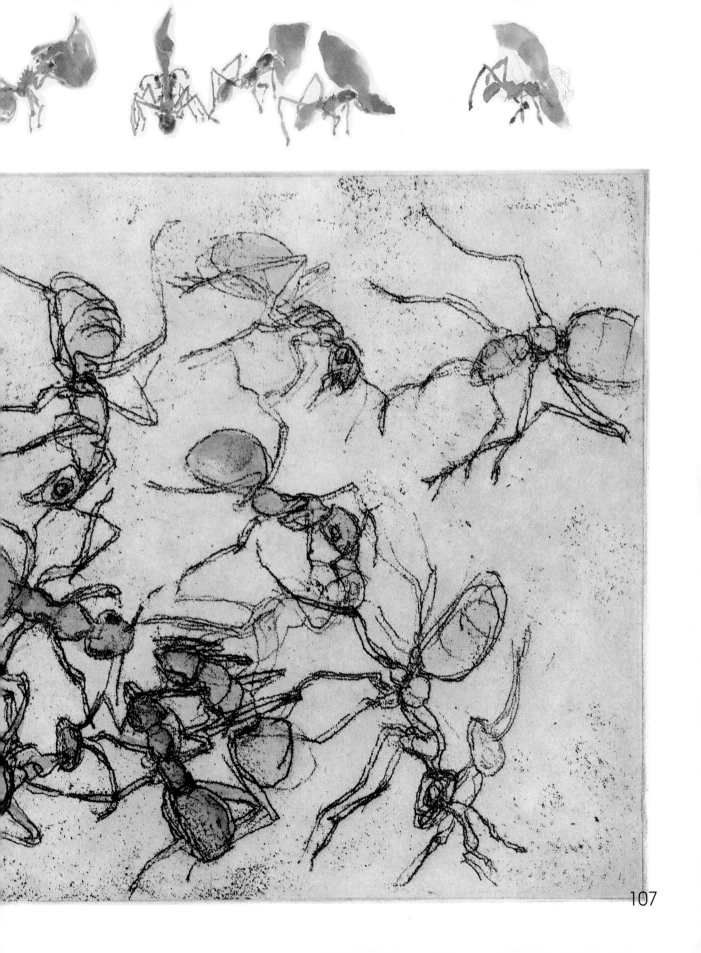

107

—Me dejaste boquiabierto con todo lo que me contaste y se me ocurre que si las hormigas hubieran sido de mi tamaño y con la buena organización que tienen, hubieran sido las dueñas del planeta.

—Déjame pensar en eso; ¡es tan interesante! Ozomatli, no tienes un pelo de tonto. Serían más poderosas que los seres humanos... pero la verdad es que no son tan inteligentes, porque llevan millones de años haciendo siempre lo mismo, lo mismo... y los hombres en cambio están siempre inventando cosas nuevas.

—Pero no me vas a negar que tiene su chiste ponerse de acuerdo.

—Bueno, Ozomatli, ya no filosofemos más y sigamos nuestro viaje.

—Filoso... ¿qué?

—¡Quién me manda a usar palabras raras! Te pondré la cosa fácil: filosofar es pensar sobre lo que uno va aprendiendo, es preguntar por qué una cosa es así y no asá y es muchas cosas más.

—Eso quiere decir que antes de filosofar hay que saber bastantes cosas.

—Claro, pero de nada serviría saber y saber cosas si no te pones a pensar, a filosofar al mismo tiempo.

—¿Tú crees que yo pienso?

—Estoy viendo que sí puedes pensar, pero no me aturrulles que ya habrá tiempo de seguir pensando.

—Hablando de otra cosa, ¿te gusta el agua?

—Bueno, sin agua nadie puede vivir.

—Digo si te gusta ver mucha agua junta, porque veo allá algo que parece una laguna.

—A ver... a ver... No veo nada.

—Es que no te pusiste los anteojos. Vamos, no está lejos.

La libélula

Llegaron a una poza y se detuvieron a ver las yerbitas de formas tan distintas que crecen en la orilla del agua y a oír los ruiditos de los pájaros y de los insectos. Había libélulas con las alas transparentes y brillantes, azules, moradas, verdes, tornasoladas.

—Esos insectos son bonitos y feos— comentó Ozomatli.

—¿Cómo es eso, Ozomatli? Te contradices.

—Bueno, es que tienen alas preciosas pero una gran cabeza medio feroz con ojos saltones, negros o rojos, que dan miedo.

—Cierto. Pero has de saber que con esos ojos las libélulas ven mucho mejor que otros insectos. Ven de lejos, de cerca, arriba, abajo, a la redonda, todo al mismo tiempo.

—¿Cómo es posible? Tendré que aguantar la respiración para que no se asusten.

—Observemos ésta, Ozomatli.

—Ahora sí te pusiste tus buenos anteojos.

—¿Te fijaste? Es increíble cómo puede mantenerse en el aire, en un sólo punto como si no se moviera... y vuela hacia arriba, hacia abajo, igual que una flecha que va a la piedra. ¡No, no chocó! ¡Frenó y voló hacia atrás tan rápido que apenas me di cuenta!

—Vuela casi como un helicóptero, esos aparatos que hacen los hombres. Nadie le gana a volar.

—¿Y sabes por qué? Porque puede mover sus cuatro alas por separado y para donde le haga falta. Eso lo averiguaron los científicos con mucha paciencia.

—Es tan veloz que ni se le ven las alas. Pero ¿qué tanto hace?

—Pues come y come. Se alimenta sobre todo de moscas, mosquitos, mariposas, abejas, arañitas de agua.

—¡Quién la viera tan elegante y tan avorazada!

—Sí, con su gran mandíbula vuelve papilla a su víctima en unos segundos.

—Suerte que las libélulas no miden un metro, porque serían capaces de convertirnos en puré de mono y puré de armadillo.

—Se me enchina el cuerpo Ozomatli, nada más de pensarlo. Y, aunque tú no lo creas, hubo en el mundo, hace miles de años, unas libélulas tan grandes como un pato salvaje.

—Eso no puede ser verdad. ¿Quién va a conocer a los animales que hubo hace miles y miles de años?

—Pues lo de la libélula se supo porque fue encontrada su forma impresa en una mina de carbón. Eso se llama huella fósil.

—Fácil, querrás decir.

—Ah, lo que pasa es que no es fácil encontrar un fósil. Y me alegro de que las libélulas se hayan achicado porque, a lo que veo, no paran de cazar y comer.

—Será por eso que en inglés las llaman *Dragon Fly* o sea mosca dragón, también les dicen «agujas del diablo». Por cierto que las larvas son todavía más comilonas.

—¿Cómo son las larvas?

—Son unos gusanitos cabezones, con los ojos saltones y una gran mandíbula. Tienen patas, pero se desplazan en el agua como aviones de propulsión. ¡Ah! y cambian doce veces de forma durante los tres o cuatro años que tardan en salir del agua y convertirse en motores voladores.

—Todo lo que me dices, Don Armadillo, es muy raro.

—Pues te diré algo todavía más extraño. Fíjate que el día menos pensado, de modo inexplicable, miles y miles de libélulas se levantan del pantano y vuelan grandes distancias formando enjambres. Viajan así muchísimos kilómetros hasta que caen muertas de cansancio y de hambre en el llano o en el océano.

—Es para quedarse con la boca abierta.

—Mejor ciérrala, Ozomatli, porque no se te vaya a meter una libélula.

—O un enjambre. Pero dime ¿tú qué opinas de las libélulas?

—Opino que si no fuera por ellas, estaríamos invadidos de mosquitos y no podríamos hacer otra cosa que rascarnos de día y de noche.

—Bueno, ¿y quién come libélulas?

—Las serpientes y las...

Don Armadillo no pudo acabar de hablar porque en eso resbaló de la piedra en donde estaba parado y se cayó al agua. Ozomatli hizo rápidamente lo único que podía hacer: con la punta de la cola se afianzó en una rama, aseguró las patas traseras en la orilla y con sus manos sacó a su científico amigo. Don Armadillo salió asustadísimo y, antes de abrir el hocico para dar las gracias a su salvador, se dio cuenta de que no tenía anteojos sobre su nariz.

—¡Mis anteojos, mis anteojos, por favor mis anteojos!— gritaba desesperado.

—Chsssssssss... ya no grites amigo armadillo, porque ya asustaste a todas las libélulas y demás animalitos.

El silencio se volvió a hacer en la charca y algo que brillaba saltó del agua sobre una piedra: era una ranita verde que llevaba en la boca sostenidos ¡los anteojos! y, dando saltitos llegó hasta Don Armadillo y se los puso.

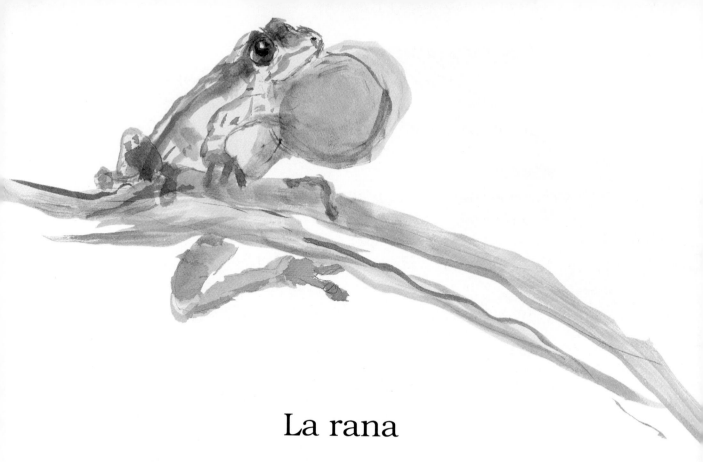

La rana

Don armadillo se alegró mucho de no haber perdido sus anteojos y le quedó muy agradecido a la ranita que se los fue a sacar del fondo del agua. Ella se sentó muy quieta sobre una piedra. Tan quieta estaba, que Ozomatli pudo contemplarla a sus anchas y comentó al oído del armadillo:

—La rana tiene dibujitos en la piel y una cara muy simpática, con sus ojos que parecen burbujas de oro.

—No sigas hablando porque espantas a las libélulas y la rana se va a quedar sin comer.

—¡Ah! ¿la rana es el otro animal que come libélulas?

—Sí, eso te iba a decir cuando me caí al agua y perdí mis anteojos. Pero ya cállate.

Los dos se quedaron observando muy atentos la manera cómo la rana caza insectos: se queda quieta como una piedra y cuando pasa alguno cerca, saca rápidamente su larga lengua pegajosa y allí queda atrapado el insecto. Después de haberse tragado unos cuantos, la ranita se echó un clavado y se fue nadando a gran velocidad.

—Ahora que se fue la rana— dijo Ozomatli— dime: ¿su marido es el sapo?

—¡Qué ocurrencias! ¡Claro que no! Los dos pertenecen al familión de los batracios, pero de ninguna manera son esposos. Son bastante diferentes en forma. Además la rana vive en el agua y el sapo en la tierra.

—Pero dime, si la rana vive en el agua y también afuera, ¿cómo hace para respirar?

—La verdad es que la rana sólo puede respirar fuera del agua porque tiene pulmones como tú y yo. Puede meterse debajo del agua, pero sale a la superficie a tomar aire, tal como ahora lo está haciendo nuestra amiga.

El agua de la charca era tan transparente que se podía ver al fondo, sobre todo cerca de la orilla. Ozomatli no se aguantó las ganas de meter la mano y sacar dos animalitos raros, cabezones, coludos, pardos.

—Mira, Don Armadillo, qué bichos tan chistosos tengo en la mano. Fíjate: uno tiene bracitos con manos y otro no.

—Ésos son precisamente los renacuajos, hijos de las ranas. Viven nada más en el agua porque sólo tienen branquias como los peces. Van cambiando de forma desde que salen del huevo hasta que son ranas. Eso se llama *metamorfosis*.

Ozomatli soltó los renacuajos en el agua y dijo:

—¿Sabes lo que me llamó la atención de la ranita que te entregó los anteojos? Que tiene cinco dedos en la mano, como yo.

—Pero ella tiene entre los dedos una telita o membrana para poder nadar.

—Nada como para ir a las Olimpiadas, pero en cambio no puede usar tan bien como yo sus cinco dedos.

—Eso es verdad. Sin embargo, me estoy acordando de que en Brasil hay unas ranas que hacen con sus manitas unos estanques para sus crías.

—No me lo imagino.

—Juntan ramitas con resina, de manera que no pase el agua y de ese modo hacen unos cuencos que llenan de agua de lluvia; allí ponen los huevos y así los renacuajos vivirán tranquilos sin que nadie venga a comérselos.

—¿Y quién va a querer comer renacuajos y ranas?

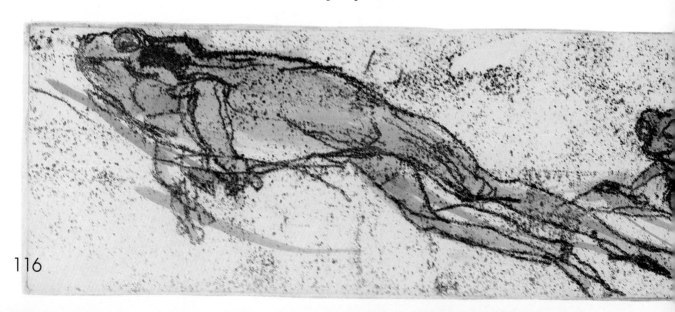

—Sobran: los patos, las garzas, las serpientes y los seres humanos. Para defenderse de sus enemigos, las ranas saltan y se zambullen en el agua y algunas hasta se ponen del mismo color del lugar en donde están y se quedan quietas.

—Nada tontas, las ranas. Mira, ya volvió a salir nuestra amiga y hace un ruido raro.

Fueron saliendo de aquí y de allá ranas verdes con dibujitos en la espalda y pronto formaron una orquesta.

—Me gusta cómo cantan las ranas —dijo Ozomatli— pero no me explico su manera de cantar sin abrir la boca.

—Fíjate bien, Ozomatli, observa cómo cuando cantan se les inflan unos globitos a los lados de la boca.

—Si no lo estuviera viendo no lo creo.

—Y para que te acabes de ir para atrás, te diré que las ranas pueden quedarse bajo tierra sin probar bocado durante unos meses.

—Ha de ser durante el tiempo que no llueve.

—Y otra cosa: también hay ranas voladoras.

—Yo nunca he visto esa barbaridad.

—Porque no has estado en Java como yo. Y no es que tengan alas sino que tienen entre las patas delanteras y el cuerpo una membrana que les ayuda a planear como si fueran aviones de papel. Así brincan veinte veces su tamaño.

El concierto de las ranas siguió y como el armadillo estaba algo cansado, los dos amigos se pusieron a buscar un lugar abrigado para pasar la noche.

El murciélago

No sólo estaba anocheciendo sino que empezó a llover. Don Armadillo se preocupó mucho de que su amigo el mono no tuviera concha y pensó que, después de todo, nacer con casa propia tiene sus ventajas. Por suerte no tardaron en dar con una cueva bastante espaciosa.

—No me gusta esta cueva— dijo Ozomatli—. Se oyen chillidos y huele muy feo.

—Cuando ya no llueva nos iremos. Ten paciencia. Los chillidos que oímos son de murciélagos que se asustaron cuando entramos; este olor raro es el de sus excrementos, que por cierto son un buen fertilizante.

—Yo no veo ningún murciélago o eso que dices, sino unos pajarracos pardos que vuelan allá arriba.

—Esos son murciélagos, y no pájaros aunque tengan alas. Si te fijas, verás que hay muchos colgados del techo de la cueva, con la cabeza hacia abajo.

—¡Cuelgan montones! ¡Vaya manera de dormir! Han de estar soñando todo al revés. Pero si no son pájaros ¿qué rayos son?

—No son rayos, sino unos mamíferos parecidos a los ratones. En francés al murciélago le dicen «ratón calvo», en alemán «ratón volador», los italianos lo llaman *pipistrello* (pipistrelo).

—La verdad lo deberían llamar «feísimustrelo» porque es horrible.

—Así como lo ves, tiene su chiste: usa radar.

—Explícame eso.

—Empezaré por anunciarte que los murciélagos son casi ciegos; sin embargo, nunca tropiezan con nada al volar en la oscuridad.

—Es mucho mejor que no puedan verse unos a otros, porque se morirían del susto.

—También habrás visto que vuelan con la boca abierta. Es que van lanzando un sonido tan fino que nosotros no podemos oírlo; al rebotar las ondas sonoras contra las paredes, hacen que el murciélago sepa a qué distancia están los objetos. De manera parecida funciona el radar de los barcos y de los aviones que hacen los hombres.

—Imagino que los murciélagos necesitan tener muy fino el oído. Ha de ser por eso que sus orejas son más grandes que las de los ratones.

—Imaginaste muy bien, Ozomatli.

—Y ¿de qué viven estos animales?

—Se alimentan de insectos.

—Claro, porque vuelan con la boca abierta. Oye, Don Armadillo, las alas de los murciélagos ¿sabes lo que me parecen a mí? Como si fueran hechas de un pedazo de paraguas. Y así todos colgados, parecen paraguas escurriendo después de un aguacero.

—Se ven como paraguas porque las alas están formadas por membranas sostenidas por los dedos de la mano que crecieron largos y que parecen varillas.

—A propósito de paraguas, yo creo que ya no llueve allá afuera y mejor salgamos a buscar el hueco de algún tronco, donde podamos dormir sin murciélagos.

—Tienes mucha razón. Después de todo, basta con que tú te encuentres un huequito donde protegerte. Yo con mi concha tengo.

Los dos amigos salieron de la cueva y se sintieron felices de respirar el aire limpio de la noche y el olor de la tierra mojada por la lluvia. El cielo lucía con miles de estrellas.

—¡Mira cuántas estrellas!— gritó Ozomatli.

—Dame mis anteojos y ayúdame a colocarme panza arriba.

—¡Pero si los traes puestos Don Armadillo!

—¡De veras!

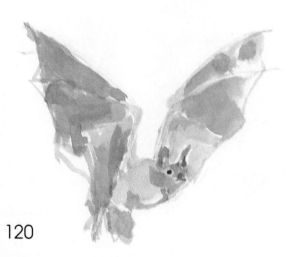

120

Las luciérnagas

A fin de mirar mejor la inmensa cantidad de estrellas que brillaban en la noche sin luna, Ozomatli y Don Armadillo se tendieron de espaldas.

—¿Conoces las estrellas errantes?— preguntó Don Armadillo a Ozomatli.

—No, jamás oí de las estrellas errantes. ¿Viajan?

—Las llaman errantes porque son luces que pasan rápidamente por el cielo. También les llaman estrellas fugaces. La verdad es que no son estrellas sino meteoros; haz de cuenta que son piedras que, al llegar a la atmósfera, se queman.

—¡Qué interesante! ¡Yo quiero ver una estrella errante!

—Siento decirte que es rarísimo que cruce. Es tan raro que cuando alguien ve una de pura chiripa, cree que es buena suerte y que si piensa en tres deseos se le cumplen.

—Vamos a pensar de una vez los tres deseos, para que, cuando pase la estrella fugaz, se nos cumplan.

—Yo creo que así no vale. De todos modos, mi primer deseo es que ayudes a colocarme en mi postura normal, porque ya me cansé; mi segundo deseo es que ya te estés quieto y mi tercer deseo es dormir lo que falta de la noche.

El mono ayudó a su amigo a colocarse con las patas hacia abajo y
comentó:

—Para esos tres deseos no hace falta que ninguna estrella errante nos
haga el favor de pasar. En cambio yo, ya pensé en tres deseos bien
difíciles. Primero: conocer el mar; segundo, ir a tierras lejanas y
desconocidas; tercero, aprender rarezas y más rarezas de nosotros los
animales.

—Está bien. Ya nada más te falta la estrella.

—¡Se me cumplirán mis deseos! ¡Mira una! ¡Mira otra, y otra y otra
más, y dos allá… siguen cruzando aquí cerquita! Si hubiera sabido,
habría pensado en treinta deseos.

—No puede ser eso, Ozomatli. Ni que fuera lluvia de estrellas. No
puede ser.

—Sí, mira cuántos meteoros por todas partes. Unos se apagan y otros
se encienden.

—No, Ozomatlito, no son meteoros, son luciérnagas. Estamos en el mes
de junio y en clima caliente.

—Pero no me has explicado qué son luciérnagas.

—Son insectos, coleópteros, son negritos y, como ves, vuelan y producen una luz muy fuerte para lo chiquito que son.

—¡Ya cacé una! ¡Se apagó en mi mano! Se ha quedado quieta. Mira, tiene una cabecita en forma de casco.

—Está muy asustada, mejor suéltala para que ya no se siga espantando. ¿Qué no ves que anda buscando novio?

—¿Y todas las que vimos también andan buscando novio?

—Unas son hembras y otras son machos. La luz que producen en el abdomen se apaga y se enciende. Así sabe el macho dónde está la hembra, le devuelve la señal y vuela hacia ella.

—Parece fiesta, tanta luz prendida: bodas y más bodas. Lo más chistoso es que esa luz no quema a pesar de lo fuerte que es.

—La mayor parte de la energía de cada luciérnaga se le va en producir esa luz verdosa y la energía le viene cuando es larva y se alimenta con la carne de otros insectos, a los que primero paraliza sin matarlos, con un piquete que introduce una sustancia; luego les aplica otra inyección que los vuelve comida casi digerida y entonces se los come.

—Sustancias fuertes, venenosas, luz fuerte, mucha energía; todo en ese insectito negro un poco más grande que una hormiga: ¡increíble!

—Es un laboratorio químico. Los científicos dedicados durante años a estudiar la misteriosa luz de estos insectos, descubrieron tres sustancias que la producen al juntarse con el oxígeno: la *luciferina* (que quiere decir "que lleva luz") la *luciferasa* y el *trifosfato de adenosina*. Este trifosfato es la energía que mantiene la fuerza de la luz.

—No entiendo mucho lo de la química, pero ese trifosfato ha de ser algo serio.

—Los químicos han descubierto que da energía a todo lo vivo; y suponen que está en el origen mismo de la vida.

—Y ¿ya descubrieron cómo hacen las luciérnagas para apagarse y prenderse? Yo no imagino cómo.

—Eso sigue siendo un misterio. Pero en cambio, los científicos piensan usar la luciferina y la luciferasa para saber si hay vida en otros planetas, en Marte, por ejemplo.

—¿Cómo puede ser eso?

—Muy sencillo: si la luciferina y la luciferasa, que sacan de millones de luciérnagas, se encienden al tocar alguna sustancia de otro planeta, querrá decir que hay vida en ese planeta.

—Muy inteligente, muy ingenioso, pero eso costará la vida a millones y millones de luciérnagas ¿Qué tal si se acaban?

—No te pongas triste. Vamos a tratar de que no suceda y ya duérmete que es muy noche.

127

La paloma y el albatros

Luciérnagas y estrellas se apagaron y amaneció en la pradera. Don Armadillo y Ozomatli encontraron suficiente comida y el mono fue a pasearse por arriba de unos árboles. En eso le llamó la atención el vuelo de una paloma blanca. Lo raro era que iba y venía, bajaba y volvía a remontar el vuelo, como si buscara algo. Cansada, se detuvo por fin sobre una rama cerca de Ozomatli y le dijo: «currucutucurrututu». Claro que Ozomatli se quedó sin entender, con cara de bobo; se acercó a la paloma, adelantó despacito la mano para no asustarla y le hizo la seña de que se aproximara. La paloma entendió y saltó a su mano; Ozomatli la acarició y, con mucho cuidado, fue bajando con ella hasta donde el armadillo estaba. Cuando la paloma lo vio, se alegró y le dijo «currucurrucututu». Don Armadillo le contestó: «chirrititirrirriti» y así siguieron hablando un buen rato. Ozomatli sólo volteaba a ver a uno y otro con los ojos redondos sin entender una pizca. No aguantó más y casi enojado gritó:

—¿Hasta cuándo me van a tener aquí hecho un tonto sin que yo pueda saber de qué están hablando?

—Cálmate, Ozomatli; lo que pasa es que tú no entiendes el lenguaje de los pájaros. Esta paloma mensajera me trae noticias muy importantes y ha volado miles de kilómetros. ¡Viene a invitarme al Gran Congreso de los Animales!

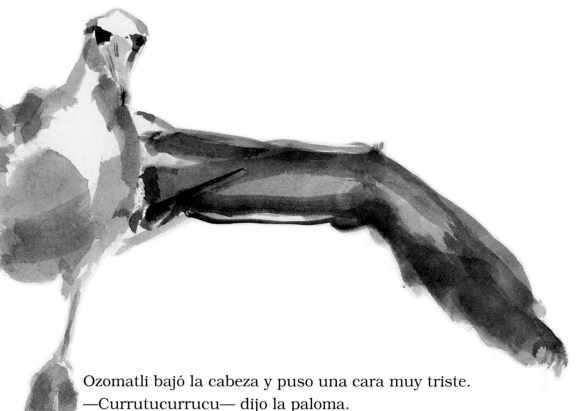

Ozomatli bajó la cabeza y puso una cara muy triste.

—Currutucurrucu— dijo la paloma.

—Dice la paloma que tú también puedes ir en calidad de mi secretario.

—¡Qué emoción! ¿Dónde será el Gran Congreso?

—En Australia, según me explicó la paloma. Vamos a ir volando por los aires y atravesaremos el Océano Pacífico.

—¿Cómo? Si no tenemos alas, Don Armadillo.

—El Congreso tiene su propio servicio de vuelos a cargo de los poderosos albatros.

—¿Qué tan grande es el Océano Pacífico?— preguntó Ozomatli con cara de preocupación.

—¡Uuuuuuuuuuu es inmenso, es el mar más grande del mundo!

—Entonces mejor me quedo aquí en esta pradera tan bonita.

—No seas miedoso, Ozomatli. Date cuenta de que el albatros es la más perfecta máquina voladora, tiene unas grandes alas con las que puede planear y dejarse llevar por las corrientes de aire. De este modo descansa un poco y puede mantenerse volando durante días y hasta durante dos semanas, cosa que no puede hacer el mejor avión.

129

—Pero entonces, ¿cómo puede quedarse sin comer tanto tiempo?

—No, no puede. Cuando tiene hambre, hace un vuelo en picada, pesca con el pico, engulle el pescado y vuelve a remontar el vuelo.

—Todo eso está muy bien, pero si vamos a tener que comer pescado, a mí no me gusta.

—Llevaremos en el viaje algunas nueces, que son muy nutritivas y no hacen bulto.

—Me has convencido, amigo armadillo.

—Currucutucucutu— dijo la paloma.

—Dice que las palomas mensajeras también pueden volar grandes distancias sin cansarse, explicó el armadillo al mono.

—¿Y nunca se pierden?

—¡Qué pregunta! Si se perdieran no podrían ser palomas mensajeras. Tienen un maravilloso sentido de orientación. Te diré de paso que las aves migratorias, los patos silvestres, las cigüeñas, las golondrinas, los estorninos, conocen desde hace millones de años las artes de la navegación aérea y vuelan de un continente a otro en parvadas. Lo más curioso es que antes de emprender el viaje, se ponen de acuerdo y se reúnen en un punto un día determinado del año.

—¿Y nosotros cuándo nos reuniremos con el albatros?

—Me dijo la paloma que le pasará el recado en una de las islas del Mar Caribe, para que venga por nosotros mañana.

La paloma aprovechó la conversación de sus amigos para llenarse el buche de insectos y de semillitas silvestres y, ya descansada, se despidió y emprendió el viaje hacia el Mar Caribe. Ozomatli y Don Armadillo (con sus anteojos puestos), la observaron hasta que solamente fue un puntito en el cielo. El mono se quedó muy pensativo y al rato dijo:

—Oye, Don Armadillo, ¿sabes en lo que estoy pensando? En que ya se me van a cumplir los tres deseos.

—¿Cuáles?— le contestó distraído Don Armadillo.

—El de ver el mar, el de ir a tierras desconocidas y el de aprender rarezas de nosotros los animales.

—¡De veras, Ozomatli, no lo había pensado! ¡Y vaya que aprenderemos cosas en ese Gran Congreso!

—Y, dime, ¿para qué hacen los animales ese Gran Congreso?

—Porque hay muchos problemas causados por los hombres en la vida de los animales y tenemos que pensar seriamente en resolverlos.

—¿Y tú crees que podamos resolverlos?

—Bueno, lo primero es entender lo que está pasando, por qué y cómo, por eso es tan importante aprender y aprender lo más posible sobre la vida de todos los seres de nuestro planeta.

—Claro. A todos nos debe importar porque todos vivimos.

¿QUÉ TE PARECE?

1. Explica por qué las hormigas dependen de mucha organización para sobrevivir.

2. Después de aprender más sobre los murciélagos, ¿estás de acuerdo con Ozomatli en llamarlos «feísimustrelos»? ¿Por qué?

3. ¿Cómo ayudan las luciérnagas a determinar si hay vida en otros planetas?

ESCRIBE EN TU DIARIO

Imagina que vas al Gran Congreso con Don Armadillo y Ozomatli. Escribe una lista de los problemas que te gustaría resolver.

La zarigüeya de las flores

El grande, el poderoso albatros se encargó de llevar en su lomo al armadillo y a Ozomatli, que fue invitado a participar al Gran Congreso de los Animales por ser el mejor amigo y alumno del viejo y muy estimado científico Don Armadillo Palillo. Asustadísimos, cruzaron el Océano Pacífico sin casi atreverse a respirar, agarrados de pies y manos a las fuertes plumas de su pájaro-avión. Les daba cierta tranquilidad el saber que el albatros es el ave marina más grande del mundo, que puede volar más alto y que tiene mayor resistencia.

De ese modo fueron depositados en una selva de Australia, en donde tendrán que esperar un par de días la llegada de los representantes animales de otros continentes. Dieron las gracias al amable albatros y se echaron a descansar en esos prados desconocidos, con plantas y flores muy diferentes.

Pasaron la noche sin novedad, y apenas salió el sol, se alegraron de encontrarse tranquilos y rodeados de cosas nuevas.

—Por fin estamos en Australia— suspiró Ozomatli—. Casi no lo puedo creer. Qué ocurrencia hacer un congreso al otro extremo del planeta.

—Para nosotros fue un enorme viaje, pero en cambio estaremos tranquilos en los lugares apartados, en donde los hombres todavía no han pensado en hacer grandes hoteles, carreteras y aeropuertos.

—Lo peor de todo es el gran ruido que hacen con sus automóviles y sus trenes y sus aviones.

—Deja eso. Lo terrible es que contaminan el aire que todos respiramos y el agua que todos necesitamos; hasta la tierra envenenan. Por eso precisamente estamos haciendo el congreso.

—Pero, vuelvo a preguntarme ¿por qué rayos en Australia?

—Porque los animales de este pequeño continente son únicos en el mundo. Aquí viven plantas y animales que existieron en otras partes de la tierra hace miles y miles de años. Haz de cuenta que Australia es como un museo vivo.

—Claro, ahora entiendo. Los animales de aquí son muy raros y tienen miedo de que se los lleven a otros continentes para que los vean en los parques zoológicos.

—Bueno, eso no es posible, porque esos animales raros no pueden vivir sino en Australia y si los llevan a otro lugar se mueren. Por eso nosotros estamos aquí.

—No se está mal en Australia.

Ozomatli se tiró de espaldas sobre la yerba fina y se puso a contemplar el cielo por entre las plantas y las ramas. De pronto, se enderezó y se frotó los ojos. Algo raro se movía cerca de las flores colgantes, rojas y de muchos pétalos. Sí, era un animalito peludito, muy chico, muy parecido a un ratoncito. Don Armadillo dormitaba y Ozomatli lo sacudió.

—Ponte rápidamente los anteojos porque acabo de ver algo como un ratoncito miniatura encaramado sobre una flor.

—Andas mal, Ozomatli, los ratones no se encaraman en las flores. ¿Dónde dices que está ese animal raro?

—Ahí, por esas flores grandes y rojas.

—¡Ah sí! ya veo. Es nada menos que una zarigüeya de las flores. Tenías razón, amigo mono, es casi un ratón mínimo. Sólo que en lugar de dientes tiene un hociquito bien largo y en forma de tubo para poder sostenerse en la ramita de arriba mientras come.

—Claro. Ella no tiene alas como colibrí.

—¿La zarigüeya también es polinidazora?

—No entiendo lo que dices. ¡Querrás decir polinizadora! Claro que sí. Se lleva el polen en los bigotes.

—Entonces es polinibigotizadora.

—Ay, Ozomatli, contigo no se puede hablar en serio.

—No te enojes. Iré a dar una vuelta por esos contornos, a ver qué rarezas encuentro.

—Pero no te vayas muy lejos.

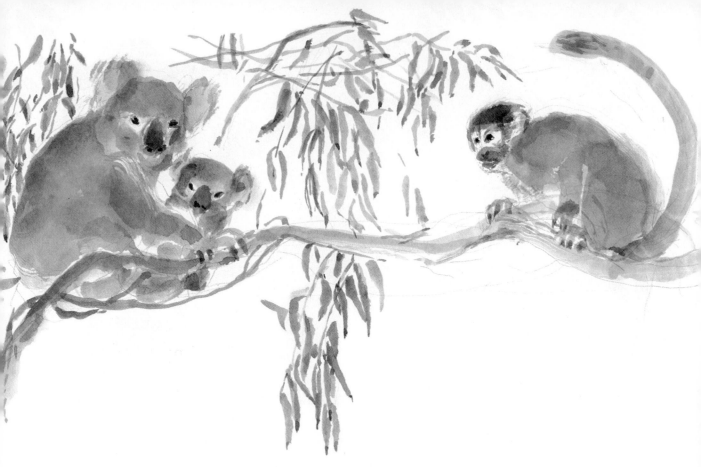

El koala

A Ozomatli no se le ocurrió mejor cosa que ir a treparse en el eucalipto de un bosque cercano. Desde las ramas altas empezó a gritar:

—¡Don Armadillo, Don Armadillo! Mira qué cosa más rara: un oso que anda como yo sobre los árboles, igual que un pájaro.

—¿Dónde, dónde? Deja que me ponga los anteojos... Ah, sí, ya veo. Es un koala de Australia. Vive como tú sobre los árboles. Para ti es muy fácil verlo de cerca. Pero no lo vayas a asustar.

—Ya me fijé en su cara. Es así. Mira, Don Armadillo, parece un oso de juguete y como si se hubiera puesto la nariz postiza.

—La verdad, Ozomatli, es que el koala no es un oso.

—Entonces ¿qué es?

—Pues verás: es el tataratataratataratatara...

—Oye, pero ya deja de tararear y dime qué es el koala.

—Es que no me dejaste acabar: el tataratataranieto del enorme megaterio.

—Vayamos a conocer a ese abuelo del koala.

136

—Sólo que fuéramos al Museo de Historia Natural para conocer sus huesos, porque vivió en la era terciaria, hace millones de años.

—Bueno ¿y el koala? Ya no lo veo. Hace poquito estaba en esos árboles.

—No pudo haber ido lejos porque él no hace nada aprisa. Míralo, ahí está sobre esa rama contra el tronco.

—Yo sólo veo una bola que apenas se distingue de las hojas.

—Es que así duerme el koala, hecho una bolita.

—¿Y si rueda para abajo? Ya sé, le juntaremos un montón de hojas secas debajo del árbol, por si se cae, que no le duela el golpe.

Mientras Ozomatli juntaba las hojas secas pensó: «Yo creo que el koala duerme tanto porque sueña muchas cosas interesantes», pero no se lo dijo al armadillo. En cambio fue a buscar a su viejo amigo para platicarle un problema que le bailaba en su cabeza peluda:

—Don Armadillo, hay algo que no entiendo.

—Dime, Ozomatli.

—¿Por qué los niños de los hombres no juegan con koalas vivos en lugar de jugar con osos de juguete?

—Tú siempre me haces pensar en cosas que nunca había pensado. ¡Me haces cada preguntita!

—No tienes que contestar a la fuerza. Si no sabes, no sabes y ya.

—Es que tu pregunta no es mala. Me pusiste a imaginar. Me imagino que a los niños de los hombres les gusta dormir con sus osos ¿no? Así, abrazados, y que si los osos koala fueran vivos, tal vez no les gustaría dormir sofocados debajo de las cobijas...

—Con esa cantidad de pelo que tienen...

—Ya viste cómo duermen en las ramas más altas de los árboles, en donde nadie los molesta. Y luego hay que pensar en el problema de la comida.

—¿Por qué problema?

—Porque los koalas no comen de todo como los gatos. Sólo comen las hojas y los brotes de esta clase de eucalipto, que no crece en otras regiones.

—¿Te imaginas hacer viajes a Australia para conseguir la comida de los koala?

—Pienso que podrían acostumbrarse a comer otras cosas, pero el punto está en que no aguantan vivir cautivos.

—Son como yo.

—Son también muy delicados y los tienen que cuidar en los bosques para que no desaparezcan.

—¿Y por qué habrían de desaparecer?

—Porque no saben defenderse contra su enemigo, el hombre: tienen buenas uñas, tienen dientes y no muerden.

—Y para colmo tampoco saben correr.

—Y por todo eso hay que cuidarlo y sobre todo por bonitos y graciosos.

El Gran Congreso
de los Animales comienza

Llegaron otros albatros con pasajeros de Europa, de Asia, de África, de las tres Américas y de las muchas islas del mundo. Unos animales venían de los altos bosques fríos; otros de la tundra helada; otros de los grandes prados; otros de las costas subtropicales; otros de las apretadas selvas tropicales, otros, por fin, de las sabanas envueltos en sábanas. Los grandes mamíferos (jirafas, elefantes, búfalos, rinocerontes, etc.) llegaron juntos en un gran chalán.

Cada uno de los animales tenía algo que tratar en el Congreso y venían representando a una región de convivencia vegetal y animal.

Por su parte, los pelícanos no se cansaban de acarrear montones de cartas y mensajes dentro de sus profundos picos que sirvieron muy bien de mochilas. Esto de las cartas se debió a la imposibilidad de que asistieran al congreso tantos y tantos animales como habitan en el planeta, y que quisieron por lo menos mandar saludos, buenos deseos, y ofrecer su ayuda. Éste fue el caso de la cigarra que escribió: "La gran familia de las cigarras no tiene problema serio. Nuestro canto gusta a los seres humanos y no les ha dado por destruirnos, pero estamos dispuestas a ayudar a otros seres vivos en apuros. Cariñosos saludos a todas las especies animales". Firmado: La *Cigarra.*

Se acercaba el momento de empezar la Asamblea; todos corrían de un lado a otro, saludando, preguntando cosas. Por ejemplo, el ratón indagó, con ayuda de Ozomatli, dónde andaba el gato, no fuera a tener hambre a esa hora. Los insectos miraban de reojo a los pájaros, con miedo de que se los tragaran con todo y lo que tenían que decir. En cambio el león, elegantemente echado a la sombra de un árbol, ponía cara de no fijarse en nadie y de que no le importaba estar completamente solo. ¿Quién se iba a atrever a saludarlo siquiera de lejos? Nadie. La verdad es que todos los representantes del reino animal estaban inquietos y preocupados de sentirse el platillo favorito de algún vecino. Todos menos el león quien, ante esta situación tan angustiosa, se levantó con mucha parsimonia, sonrió a todos y dijo:

—La Asamblea va a empezar, nadie se preocupe, todo el mundo esté tranquilo porque, aunque no tenemos más remedio que comernos unos a otros para sobrevivir, durante este Gran Congreso todos los animales carnívoros nos volveremos vegetarianos. «¡Bravo! ¡Bravo!», gritaron todos y empezó el Gran Congreso, que por cierto fue idea del zorro, quien no tiene en el mundo peor enemigo que el ser humano.

Uno a uno, en buen orden, los animales fueron exponiendo sus muchas quejas contra la raza humana.

—A nosotros nos atrapan por miles y miles cada año, porque les gustan nuestran plumas y no podemos defendernos— dijo el colibrí—. Si acaban con la especie en Centroamérica ¿quién va a polinizar las orquídeas y las otras flores de cáliz profundo? Tomemos en cuenta que las mamás colibrí sólo ponen dos huevitos...

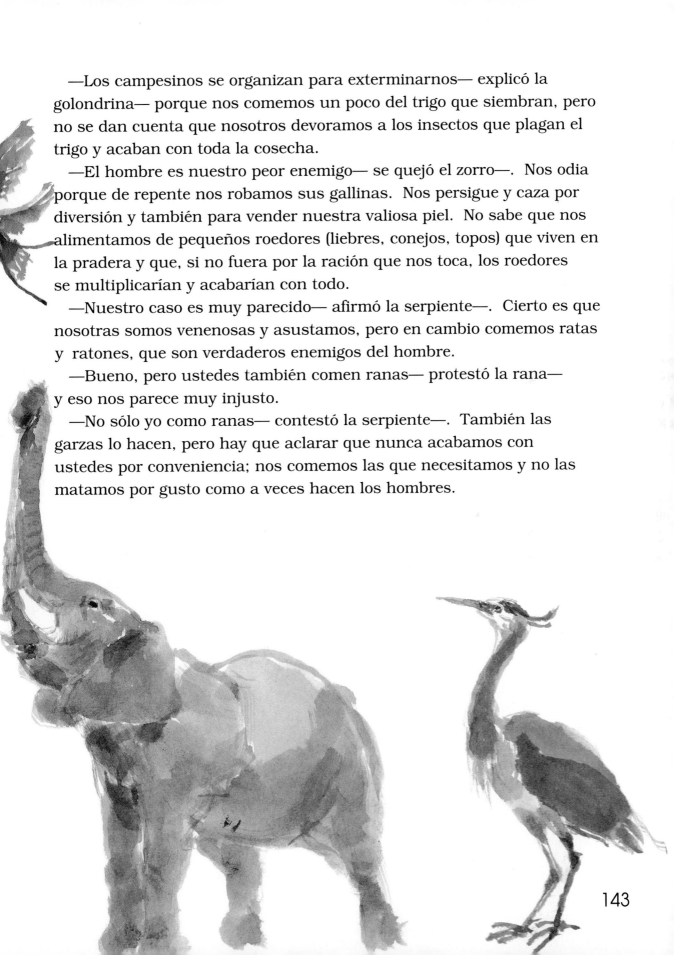

—Los campesinos se organizan para exterminarnos— explicó la golondrina— porque nos comemos un poco del trigo que siembran, pero no se dan cuenta que nosotros devoramos a los insectos que plagan el trigo y acaban con toda la cosecha.

—El hombre es nuestro peor enemigo— se quejó el zorro—. Nos odia porque de repente nos robamos sus gallinas. Nos persigue y caza por diversión y también para vender nuestra valiosa piel. No sabe que nos alimentamos de pequeños roedores (liebres, conejos, topos) que viven en la pradera y que, si no fuera por la ración que nos toca, los roedores se multiplicarían y acabarían con todo.

—Nuestro caso es muy parecido— afirmó la serpiente—. Cierto es que nosotras somos venenosas y asustamos, pero en cambio comemos ratas y ratones, que son verdaderos enemigos del hombre.

—Bueno, pero ustedes también comen ranas— protestó la rana— y eso nos parece muy injusto.

—No sólo yo como ranas— contestó la serpiente—. También las garzas lo hacen, pero hay que aclarar que nunca acabamos con ustedes por conveniencia; nos comemos las que necesitamos y no las matamos por gusto como a veces hacen los hombres.

—En su odio contra los insectos— dijo la libélula—, el hombre usa horribles insecticidas que acaban con todos los insectos de una región, lo que trae por consecuencia que los pájaros no tengan qué comer y se mueran o emigren, y también sucede que muchas plantas ya no dan fruto, pues, como dijo muy bien el colibrí: ¿quién las podrá polinizar?

—Además— añadió el estornino, pájaro viajero— la desaparición de los pájaros trae otras calamidades, porque nosotros ayudamos a llevar las plantas a otros lugares, pues echamos con nuestros excrementos algunas semillas enteras y luego germinan. Somos sembradores. Y, en fin, nuestros huevos sirven de alimento a otras especies.

—Lo que pasa— explicó el sabio Don Armadillo Palillo— es que todos dependemos de todos para vivir, aún de seres y de plantas que jamás hemos visto. Al alimentarnos unos de otros formamos *cadenas alimenticias*. El crecimiento de las plantas también depende de invisibles cadenas de bacterias dentro de la tierra.

—Toda la asamblea oyó a Don Armadillo con gran respeto y asombro y muchos comentaron: «¡Claro! ¡Así es! ¡Más claro no canta un gallo!» Y Don Armadillo continuó:

—Las cadenas alimenticias se formaron poco a poco durante milenios y también van cambiando poco a poco, porque nada está quieto en el Universo. Así todos nos ponemos más o menos de acuerdo para vivir juntos en un lugar, de modo que no desaparezcan nuestras familias, nuestras especies, ni tampoco las plantas que son la primera energía de la vida.

—Pero entonces viene el hombre— añadió el zorro—, que se cree más inteligente y más listo que yo, y destruye un eslabón de esa cadena. ¿Y qué pasa? Que todo se desconchinfla: unas especies desaparecen, otras se multiplican demasiado y ya no encuentran comida o acaban con la vegetación y con otras especies. Así ha pasado en muchos lugares de la tierra donde, por la ignorancia y voracidad de los humanos, lo que era un paraíso se convierte en un desierto.

—Y lo chistoso es que los seres humanos son los primeros en pagar el pato— dijo el pato.

Así siguieron miles de quejas hasta que los animales, de puro cansados, se fueron a acostar temprano pensando que, al día siguiente, tendrían mucho trabajo para tratar de resolver tanto problema causado por la raza humana.

El Gran Congreso
de los Animales continúa

Amaneció en la pradera. Al ver y sentir los rayos del sol, los animales venidos de las cuatro partes de la tierra, se sintieron seguros y agradecidos, menos el murciélago que es nocturno y casi ciego. Los pájaros de distintos países cantaron a su manera y todos admiraron sus cantos. Cada quien se buscó su desayuno de yerbas, hojas, tallos o frutas, según sus gustos y buena suerte.

Ozomatli, siempre junto a Don Armadillo, no se aguantó las ganas de preguntarle —¿Por qué dijiste ayer que las plantas son la primera energía?

—¿Ves el sol?

—Claro que lo veo. ¿Y...?

—Pues él es el dueño de toda la energía. Él manda a la tierra toda la energía de sus rayos, menos una muy mala que viene en los rayos gamma y que es «colada» por la atmósfera. Bueno, pues las plantas verdes son las que toman y guardan esa energía.

—¿Quién iba a imaginarse eso?

—Sí. Piensa que cada hoja verde, por chiquita que sea, es un laboratorio que transforma la energía del sol en energía comestible, o sea en azúcar. Esa transformación se llama *fotosíntesis*.

—Eso es muy interesante pero a mí no me gustan las palabras difíciles.

—Ven, vamos a tomar un buen lugar, porque ya están llamando para la asamblea.

Todos los representantes tomaron sus lugares y guardaron silencio.

Entonces la paloma abrió el pico y dijo:

—Compañeros animales. Como ustedes saben, a mí me escogieron los hombres como símbolo del amor y la paz; por lo tanto, tengo algunas cosas que decir en su defensa, después de haber oído los ataques.

—Bueno, está bien, que hable— aceptó el león—. Este congreso es democrático.

—Es cierto, compañeros, que el hombre es un gran destructor de su propio planeta— dijo la paloma—, pero piensen en cuántos de nosotros recibimos su ayuda y su protección porque le somos útiles.

—En el nombre de los perros pido la palabra— gritó un perro pastor. Se la dieron y siguió:

—Hemos acompañado y servido al hombre desde que existe. Jalamos sus trineos sobre la nieve, cuidamos sus casas, olfateamos los animales que caza…

—¡Basta!— gritó el zorro—. De tanto andar con ellos, los perros se han vuelto sus cómplices. Hay perros que son educados por unos hombres para perseguir a otros hombres. ¿No es el colmo? Pido que los perros no estén representados en este congreso: ¡Que se vayan!

—El zorro— gritó el conejo— no tiene la conciencia muy limpia, pues puede ser, junto con el lobo y otras fieras, tan destructor como los seres humanos que, además, nos cuidan muy bien a nosotros.

—¡Ja, ja, ja, ja!— interrumpió el ornitorrinco—. Les voy a platicar lo que sucedió hace años aquí en Australia, cuando a los hombres se les ocurrió criar conejos.

—¿Qué pasó? ¿Qué fue? —murmuraron muchos.

—Pasó que unos hombres tuvieron la brillante idea de traer conejos a Australia en donde, como ustedes saben, vivimos plantas y animales completamente diferentes al resto del mundo. Y como en Australia no hay animales comedores de conejos, éstos se multiplicaron y se multiplicaron tanto que ya nadie sabía qué hacer con tantísimos conejos come y come sin parar. Se las vieron negras los hombres para acabar con la plaga de conejos; tuvieron que producirles una enfermedad que los liquidó en sus madrigueras.

—¡Qué ignorantes! ¡Qué falta de imaginación! ¡Qué torpeza! — comentaron los congresistas.

—Y yo quiero contarles algo peor —dijo el búfalo—. Para sembrar su trigo y dejarle la pradera a sus ganados, el hombre blanco hizo enormes matanzas de búfalos, al grado que desaparecimos casi por completo. Sin embargo, les dábamos nuestra carne, nuestra piel, nuestra grasa. Ahora hay desiertos en lugar de pradera.

—Yo, en nombre de las grandes tortugas, vengo a pedir ayuda al Congreso, porque los hombres están acabando con nosotras. Utilizan nuestra carne, nuestra concha y comen nuestros huevos. Llevamos millones de años sobre el planeta y ninguno de nuestros enemigos (que todos tenemos) nos había puesto en semejante peligro.

—Tengamos en cuenta —gritó la paloma— que el ser humano es el último de las muchas cadenas alimenticias; pero también ha trabajado muy duro la tierra para hacerla producir semillas y frutos, que son aprovechados por los caballos, los conejos y otros animales que ellos han aprendido a criar.

—Tienes razón —dijo la jirafa—. Muchos hombres se preocupan por nosotros, simplemente porque les gusta mirarnos, y estudiarnos.

—Pero nos encierran —gritó el elefante—. Sólo por robarnos los colmillos que tanto aprecian, los hombres están haciéndonos desaparecer de la tierra. ¡Auxilio!

Todos los animales temblaron con el grito del poderoso elefante.

153

—Pido la palabra —gritó la guacamaya.

—Pero no te sueltes a hablar y hablar, porque todos tienen derecho a dar su opinión.

—Seré breve. Les diré sólo que los hombres saben apreciar nuestra belleza y en tiempos pasados nos adoraron como a dioses. Yo fui para los zapotecas una deidad solar.

—A mí me adoraron los antiguos egipcios— maulló el gato.

—Y a mí, y a mí— dijeron confusamente varios animales.

—Los indios de Norteamérica —agregó el tapir— se consideraban descendientes de los animales con los que convivían y que aprovechaban.

—Sí, eso se llama *totemismo*— dijo pedante la lechuza—. Todos los pueblos de la tierra nos adoraron alguna vez. Pero ese feliz tiempo ya se acabó, por desgracia.

—Es cierto —comentó el león con una cara muy melancólica. Los hombres me han llamado rey de la selva y les encanta inventar cuentos en los que soy el personaje principal. Pero la verdad es que, si no hace nada este Gran Congreso, yo, el triste rey de la selva, también voy a desaparecer muy pronto.

—Si me permiten— alzó la patita el armadillo— les diré algo que tal vez aclare todo lo que aquí se ha dicho.

—¡Que hable! ¡Que hable el sabio Don Armadillo!

El armadillo se aclaró la garganta y dijo:

—Lo que pasa es que antes los seres humanos no eran tantos ni tan ambiciosos; no tuvieron armas tan mortíferas ni podían desplazarse por casi todos los rincones del mundo por medio de aviones, automóviles y trenes. Hace cuatro siglos, la convivencia con ellos era posible. Pero últimamente el ser humano se ha vuelto más destructivo. Nada parece importarle.

—¡Nada le importa! ¡Es un egoísta! ¡Es un ignorante! —protestaron todos.

—Pero no todos los seres humanos son así de brutos —continuó Don Armadillo—. Salgo a la defensa de los científicos que se han pasado la vida estudiando la Naturaleza. Ellos ya han empezado a entender cómo somos, qué hacemos y por qué.

Esta vez los asistentes al Congreso se quedaron callados y pensativos. ¿Qué hacer frente a los seres humanos? Era cosa de seguir pensando hasta el día siguiente en que se reunirían para decidir.

El Gran Congreso
de los Animales concluye

Silenciosos para no perder el hilo de las ideas, tomaron sus lugares
los representantes de la fauna terrestre, y uno que otro anfibio. El
león tomó la palabra:

—Señores congresistas, ha llegado el difícil momento de ponernos
de acuerdo sobre qué haremos para proteger las especies que están
en peligro de desaparecer por culpa de los seres humanos.

Unos animales tosían, otros se aclaraban la garganta; unos
bajaban la mirada preocupados, otros veían las nubes como si allí
fueran a encontrar la solución. La paloma mensajera repartió con
avidez propaganda.

—Se reciben proposiciones— chilló el secretario Ozomatli.
Saltó la rana y dijo:

—Propongo que todas las ranas del mundo nos juntemos a croar
una noche tras otra, para no dejar dormir a los seres humanos y de
esta manera ya no tendrán tantas energías.

—Vaya tontería —dijo el murciélago—. Si sólo cuando duermen
nos dejan tranquilos.

Ozomatli tomaba nota de lo que se decía.

—Si todas las hormigas nos juntáramos y si los animales que se alimentan de nosotras cambiaran de platillo, podríamos acabar en un par de meses con los seres humanos. Sobre todo si nos dan una mano las langostas.

El oso hormiguero y Don Armadillo pusieron mala cara. La mosca tsé-tsé tomó la palabra:

—Eso no es nada; un buen enjambre de moscas tsé-tsé, bien repartidas en todo el mundo, podría dejar dormidos a todos los hombres que echan insecticidas y radiaciones, y también a los que cazan con escopeta.

—¡Buena idea! Valdría la pena probar— dijeron varios.

Ozomatli seguía escribiendo y Don Armadillo ladeaba la cabeza pensativo. Se oyó la vocecita del ratón.

—Si los gatos, las serpientes, los halcones y otros carnívoros no se banquetearan con nosotros, los ratones y las ratas seríamos capaces de comernos toda la comida de los hombres y hacerlos morir de hambre. ¡Ji, ji, ji, ji!

Hubo varias protestas: «lo que quieren es acabar con todo», «se adueñarían del planeta». «Se imaginan una invasión de ratones».

—¡Silencio! —tuvo que rugir el león—. Estamos perdiendo el tiempo. Las proposiciones que hemos oído no sirven. Que hable el que más sabe: Don Armadillo Palillo.

El narigudo científico se quitó lentamente los anteojos y dijo:

—Las proposiciones no son buenas porque cada quien quiere hacer las cosas por su lado y sin pensar en los demás. Piensan en destruir al hombre y se les olvida que el hombre también es un ser vivo que habita el planeta con tanto derecho como nosotros los animales.

—Yo digo —agregó la jirafa—, que viendo el problema desde arriba, es fácil darse cuenta de que en el mundo todo tiene que ver con todo como ya lo dijo hace mucho tiempo un filósofo griego.

—Claro —añadió el zorro—. La especie humana es inteligente, no cabe duda. Eso es lo malo porque ha usado su inteligencia para inventar el mejor modo de matar.

—Pero ¿a dónde vamos con tanta discusión? Tenemos que decidir, ¡que decidir!— interrumpió muy impaciente la ardilla.

—No perdamos la calma, amiga ardilla —dijo el koala en medio de dos bostezos. Y el armadillo volvió a tomar la palabra:

—Resumiendo, todo tiene que ver con todo; la raza humana es una parte muy importante de ese todo, y es inteligente. Hombres de estudio han aprendido mucho de nosotros y sobre nosotros. En mi opinión, lo que hay que hacer es tratar de dar a conocer a muchos más hombres y mujeres los peligros en que estamos los seres vivos cuando alguien destruye «sin pensar» a un animal o una planta. Esa planta o animal, es parte de una cadena alimenticia y esa cadena alimenticia es parte de una red y esa red es parte de un gran tejido que es la vida.

—¡Bravo, bravo!— aplaudió la asamblea. Y habló el topo que siempre ve las raíces:

—Es un tejido hecho con sabiduría. Pero ¿qué haremos para que esa sabiduría sea entendida por todos los hombres?

—Tengo una idea— bostezó el koala—, los niños aman a los animales, les gusta vernos, jugar con nosotros y con juguetes que se parecen a nosotros. Y creo que ellos están dispuestos a conocer esa sabiduría de la Naturaleza.

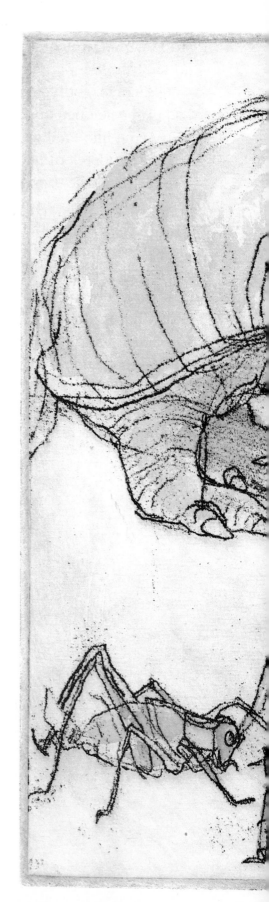

Los congresistas voltearon al mismo tiempo a ver a Don Armadillo como pidiéndole que hablara. Él se levantó y dijo:

—La proposición concreta del koala es la mejor. Enseñaremos a los niños la sabiduría que hay en la Naturaleza, para que la raza humana respete las especies animales y vegetales.

Todos los congresistas levantaron la pata, menos el koala que estaba roncando. A continuación, se acordó aceptar la ayuda de las cigarras para que, cantando, dieran a conocer las conclusiones del Congreso. Lo mismo harían las ranas y los grillos y todos los pájaros cantores. Las palomas mensajeras irían repartiendo libros en todos los lugares en donde hubiera muchos niños.

El Congreso fue clausurado con una gran fiesta y todos contentos se despidieron y se fueron a los lugares de donde habían venido.

Menos Don Armadillo y Ozomatli que decidieron quedarse una semana más en Australia, para poder conocer a fondo a los extraños animales que allí viven.

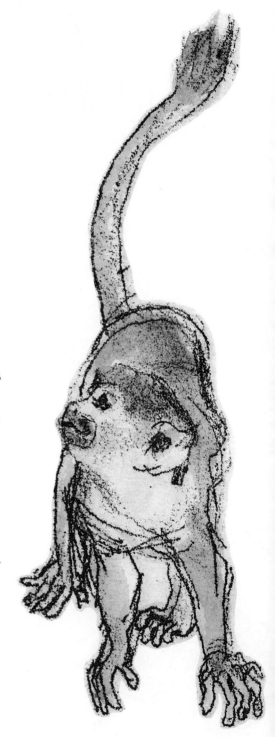

¿QUÉ TE PARECE?

1. ¿Crees que tienen razón los animales de lo que dicen acerca del hombre? Explica tu respuesta.

2. Nombra los animalitos que te hayan llamado la atención por inteligentes.

3. ¿Cómo crees que les afecta a los lugares donde viven los animales la construcción y el ruido que hace el hombre?

4. ¿Crees que las personas deben hacer sus cosas cada quien por su lado, sin pensar en los demás?

ESCRIBE EN TU DIARIO

La cigarra no pudo ir al Congreso, pero mandó un mensaje. Los hombres no asistieron tampoco. Escribe una carta a los animales expresando tu punto de vista como ser humano.

Acerca de la artista

Deborah Ross siempre tuvo una gran curiosidad por los animales. Ella dibuja animales para los parques zoológicos. Sus dibujos se usan en las publicaciones y los carteles de los parques. Los carteles explican el comportamiento de los animales y su ambiente natural. Esta información ayuda mucho a los turistas y otros visitantes que vienen a ver a los animales.

Después de muchos años de hacer este tipo de trabajo, Deborah Ross creó los dibujos para un libro sobre los mandriles llamado *Casi humanos*.

Fue entonces que fue invitada a visitar la estación de estudio en Laikipai en Kenya. Deborah hizo el viaje a Kenya para conocer a los animales en su mundo natural. Se quedó por casi un año.

Allí pasó sus días con un grupo de mandriles e hizo amistad con varias familias de elefantes.

Entre los mandriles Deborah se sentía segura y se movía con tranquilidad, salvo una ocasión. Un día una de las hembras se acercó demasiado a Deborah, y los adultos del grupo se pusieron nerviosos.

También fue al parque nacional de Amboseli para observar a los elefantes. Había en ese lugar grandes familias de elefantes. Además se podían observar cebras, monos y leones. Dibujaba todos éstos, pero sus favoritas eran las cigüeñas que caminaban en los charcos sacando insectos del agua con sus picos largos y rosados.

Cuenta Deborah que le fascinaba dibujar a los camellos con sus caras tan interesantes.

Durante este período, la vida de Deborah estuvo entrelazada con la de los animales, y ella aprendió mucho de ellos. La experiencia le ayudó en su trabajo, ya que podía ahora dibujarlos con aún más entendimiento de su forma de ser.

Debido a sus experiencias y habilidad como artista, Deborah aceptó con gran entusiasmo hacer los dibujos de *Viajes de Ozomatli y Don Armadillo*. Como artista, lo que más le interesa es la vida y todo lo que concierne a los animales de la tierra.

165

Yo voy soñando
caminos

Yo voy soñando caminos
de la tarde. ¡Las colinas
doradas, los verdes pinos,
las polvorientas encinas!...
¿Adónde el camino irá?
Yo voy cantando, viajero,
a lo largo del sendero. . .
—la tarde cayendo está—
"En el corazón tenía
la espina de una pasión,
logré arrancármela un día:
ya no siento el corazón".

Y todo el campo un momento
se queda mudo y sombrío,
meditando. Suena el viento
en los álamos del río.
La tarde más se oscurece;
y el camino que serpea
y débilmente blanquea,
se enturbia y desaparece.
Mi cantar vuelve a plañir:
"aguda espina dorada,
quién te pudiera sentir
en el corazón clavada".

Antonio Machado

167

Las hormigas

Lo más importante de las hormigas es que no viven solas, como muchos otros insectos, sino que viven en colonias. Por eso se les llama insectos sociales. Se han reconocido más de 800 especies diferentes. La mayoría de ellas viven en el trópico.

Biológicamente están muy relacionadas con las abejas. Generalmente tienen seis patitas, dos antenas largas con las que pueden olfatear y quizá comunicarse con sus semejantes.

En una colonia hay tres clases de hormigas, la hormiga reina, las obreras y las hormigas macho. Todas tienen alguna tarea asignada en la colonia. La reina pone huevos y el resto de las hormigas trabaja construyendo el hormiguero, provee la comida y cuida los huevos.

En algunos hormigueros hay unas obreras especiales: tienen mandíbulas para cortar semillas duras y para defender la colonia. Se llaman soldados, siempre están listas para el ataque.

Frecuentemente se puede encontrar muchas hormigas machos que no trabajan. Solamente ellos y la reina tienen alas y nunca las usan, excepto cuando vuelan para la «boda».

La mayoría de las especies de hormigas hacen sus cuevas bajo tierra, bajo piedras o raíces. Acarrean tierra o arena con su boca, hacen muchas habitaciones separadas conectadas por galerías donde disponen en unas huevos y larvas y en otras almacenan comida para épocas difíciles. Van cambiando de habitaciones de acuerdo a la necesidad de mantener los huevos protegidos y en temperatura más cálida. Así es cómo pasan toda una vida, cuidando a la reina y a los que van a nacer, trabajando organizadamente sin molestar a nadie.

¿Cómo comienza su vida una hormiga? Una vez que la reina pone sus huevos, las obreras los cuidan y pasan mucho tiempo lamiéndolos y pegándolos unos con otros con una sustancia gomosa que los protege. De esta forma si corren algún peligro les es fácil transportarlos a otro lugar más seguro.

Cuando nacen las larvas, las obreras se encargan de alimentarlas cortando porciones minúsculas de comida sólida, como insectos por ejemplo. Las larvas con el tiempo cambian a crisálidas y hacen este cambio sin ningún tipo de protección. Algunas larvas son alimentadas especialmente y se transforman en reinas, otras en hormigas macho y otras en obreras.

TEMA

SALVEMOS MI TIERRA

¿Qué es lo que más se destruye en la Tierra?
¿Podremos detener esta destrucción
sin límites?

En este tema vas a encontrar respuestas a estos
interrogantes. Conocerás a un niño que gracias a su
buena disposición logró llamar la atención de
las autoridades a fin de parar la destrucción de
algo que él quería muchísimo.

¿Quieres enterarte?

ÍNDICE

· ·

171

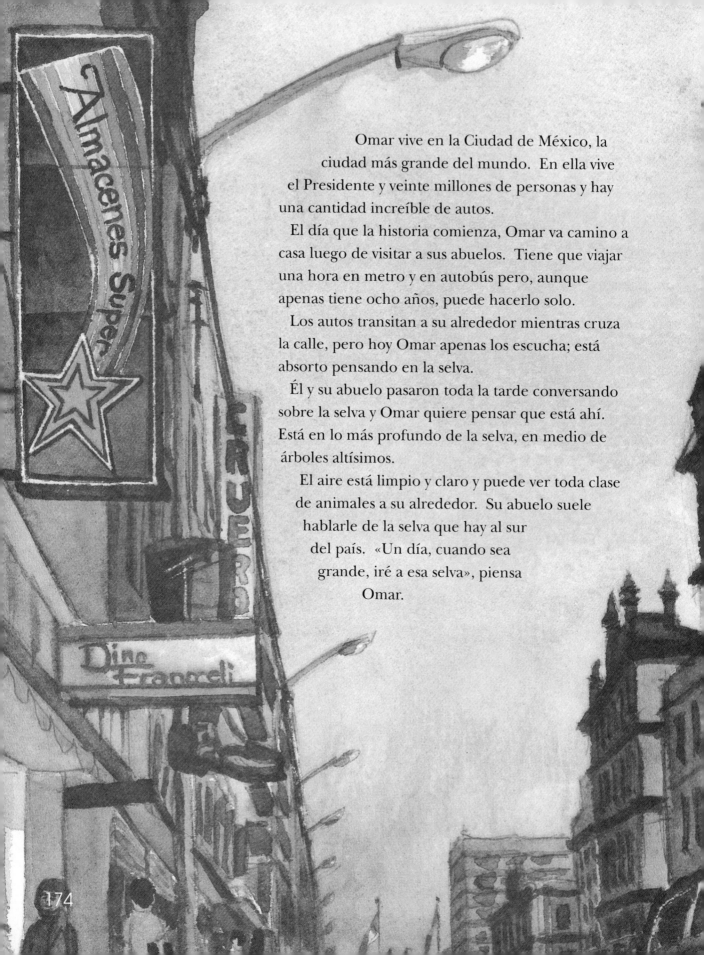

Omar vive en la Ciudad de México, la ciudad más grande del mundo. En ella vive el Presidente y veinte millones de personas y hay una cantidad increíble de autos.

El día que la historia comienza, Omar va camino a casa luego de visitar a sus abuelos. Tiene que viajar una hora en metro y en autobús pero, aunque apenas tiene ocho años, puede hacerlo solo.

Los autos transitan a su alrededor mientras cruza la calle, pero hoy Omar apenas los escucha; está absorto pensando en la selva.

Él y su abuelo pasaron toda la tarde conversando sobre la selva y Omar quiere pensar que está ahí. Está en lo más profundo de la selva, en medio de árboles altísimos.

El aire está limpio y claro y puede ver toda clase de animales a su alrededor. Su abuelo suele hablarle de la selva que hay al sur del país. «Un día, cuando sea grande, iré a esa selva», piensa Omar.

En la última estación del metro toma un autobús que atraviesa interminables barrios grises y polvorientos; por fin, da vuelta en un parque y se detiene en la calle de Omar.

Omar baja del autobús y se dirige a la pequeña casa que su familia alquila. Ya es de noche. Cuando entra en la casa ve que no hay nadie en la estancia, que sus padres seguro ya fueron a dormir.

—¿Tienes hambre? —pregunta su mamá desde la recámara.

—Sí —dice Omar, aunque en verdad no tiene hambre.

—Hay unos plátanos en la cocina.

Omar pela un plátano y va a la estancia. Enciende el televisor para ver algo mientras come la fruta y se sienta en el sofá.

—La última selva que queda en México es la Selva Lacandona— dice la voz de la televisión.

Omar asiente con la cabeza mientras come porque sabe que eso es cierto; su abuelo se lo dijo.

—Las demás selvas que había en México han sido devastadas —continúa la voz. Y ahora, el último reducto selvático de nuestro país se ve amenazado; está a punto de desaparecer. Omar traga el último bocado de plátano.

—No, eso no puede ser cierto —piensa. Pero ve todo claramente en la televisión. Los enormes árboles son derribados, la selva arde en llamas, y un venado huye despavorido del fuego.

Con lágrimas en los ojos, Omar va a la recámara de sus padres, se detiene al pie de la cama y dice:

— Mamá, ¡están destruyendo mi selva!

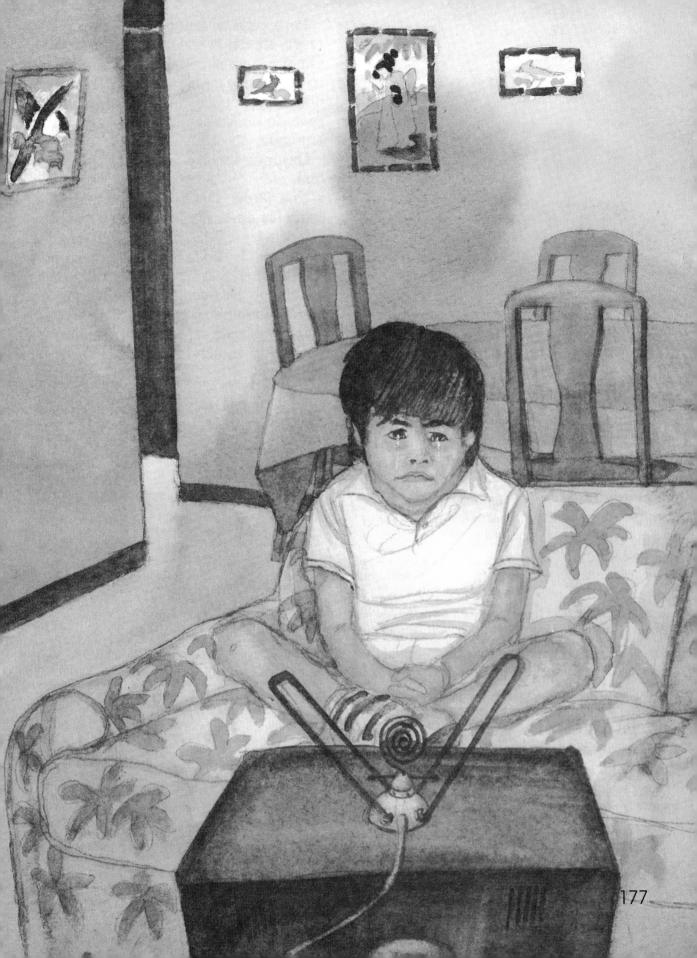

Al día siguiente, durante el desayuno, Omar dice:

—Papá, ¿por qué están destrozando la selva?

—No lo sé —contesta su padre, que lee el periódico.

—Pero, no pueden hacerlo, papá. Yo tengo que salvar la selva... pero, ¿cómo?

—Bueno, puedes escribir una carta al Presidente— dice el padre, sin levantar la vista del periódico.

De inmediato, Omar arranca una hoja de su cuaderno, toma un lápiz y escribe: «Bondadoso Señor Presidente, usted tiene que ver que se conserve la última selva mexicana y, por favor, no permita que maten más animales en la selva».

Como todos en la Ciudad de México, Omar sabe dónde vive el Presidente.

Toma el metro para llegar hasta ahí. En la entrada lo detiene un guardia armado. Omar entrega la carta a él.

—Déle esto al Presidente— le dice.—Es muy importante.

Después de cumplir con su cometido, Omar se siente feliz. «Pronto tendré una respuesta del Presidente —piensa—, diciendo que salvará la Selva Lacandona.»

Pero pasa el tiempo y nada; no hay respuesta del Presidente. Todos los días, Omar espera al cartero en la puerta, pero nunca trae nada para él. Así que decide escribir otra carta al Presidente y la lleva de nuevo al guardia para que se la entregue.

Después escribe otra carta, y otra, y otra.

Una tarde, Omar y sus padres están sentados en la mesa de la estancia. (La estancia también es el lugar de trabajo de la familia). Los papás de Omar compran ilustraciones impresas de flores y pájaros, luego las recortan y las pegan en marcos para hacer cuadros. Cuando terminan los cuadros, recorren el centro de la ciudad vendiéndolos.

—Papá, ¿por qué no me contesta el Presidente?— dice Omar.— Ya le escribí cuatro cartas y aún no contesta. ¿Qué voy a hacer ahora, papá?

El papá de Omar ha estado horas y horas trabajando en los cuadros, y está cansado. Quizá por eso se irrita.

—Ya cállate— grita.— Estoy cansado con tus molestias. He trabajado duro todo el día; ahora quiero tomar mi café tranquilo.

—Pero, papá, tengo que salvar la selva.

—Vete para allá entonces— dice el padre con mal genio.

«Vete para allá entonces.» Por la noche, acostado en su cama, medita sobre lo que le dijo su padre. Lleva consigo su mochila de la escuela con unas tortillas, tres camisas y su cepillo de dientes.

—¡Despierten, me voy! — dice.

—¿Qué, qué? ¿Qué pasa? —dice el padre aún soñoliento.

—Voy a salvar a la Selva Lacandona.

En cuanto el padre despierta bien y puede darse cuenta de que su hijo habla en serio, dice:

—Por favor, no puedes hacerlo. No encontrarás el camino.

—Preguntaré entonces— dice muy tranquilo.

—Puede ser muy peligroso— añade el padre. Tendrás que atravesar enormes ríos llenos de cocodrilos.

— No me importa. Me voy.

El padre de Omar habla y habla, tratando de hacer que Omar cambie de opinión, pero no lo logra. Omar va a ir a la selva. Finalmente, su padre dice, suspirando:

—Entonces, te acompañaré.

Desde ese día y durante las siguientes semanas, el padre de Omar tiene que trabajar más para fabricar y vender muchos cuadros. Con el dinero que gana poco a poco, compra una mochila, dos cuchillos, una tienda de campaña roja, una cantimplora, un cobertor, varios pares de zapatos, un hacha, un tarro vacío y un trozo de chapopote para hacer una lámpara de petróleo, sardinas en lata, chocolate, medicamentos y vendas. La madre de Omar confecciona una bandera; en un lado tiene un árbol dibujado y en el otro dice «protejamos la selva».

181

Una mañana, muy temprano, Omar y su padre salen de casa y atraviesan la gigantesca ciudad. El padre lleva la mochila a la espalda y Omar lleva la bandera.

El niño va sonriente, está cantando; por fin van en camino. Atravesará todo México con su padre y esa noche, por primera vez en toda su vida, dormirá en una tienda de campaña.

Hora tras hora caminan por las calles de asfalto seco y caliente; la ciudad parece interminable. Omar siente sus piernas cansadas, pero no le dice nada a su padre.

Por fin, salen de la Ciudad de México, la ciudad más grande del mundo. Empiezan a caminar por entre las montañas. Aquí el aire es más claro y es más fácil respirar que allá en la ciudad con su contaminado aire amarillento. Pero Omar no se da cuenta; está muy cansado... Y el sudor rueda por sus mejillas. Más tarde, le empiezan a doler los pies.

Cojea un buen rato al lado de su padre, antes de decirle cualquier cosa. Su padre se detiene y le quita los zapatos.

—Tienes ampollas en el talón— dice—. Te pondré una venda... Ya está, ahora podemos seguir.

CAMINATA MEXICO DF TUXTLA GTEZ

—Pero, papá— dice Omar muy afligido —, estoy tan cansado que no aguanto más.

—Yo también estoy muy cansado— dice su padre— pero trataremos de caminar un poco más. Te prometo comprar algo de beber en cuanto lleguemos a una tienda.

Ven un pequeño puesto a la orilla de la carretera. Allí una mujer con largas trenzas vende frutas y aguas. Cada uno de ellos bebe un vaso grande de agua y finalmente pregunta:

—¿Qué dice la bandera? No sé leer.

Omar revive de inmediato, se endereza y señala su bandera.

—De este lado dice «Protejamos la selva» —responde—, y del otro lado dice «Caminata México D. F. - Tuxtla Gutiérrez». Tuxtla es un lugar que está muy lejos hacia el sur, donde está la Selva Lacandona. Ahí vive el gobernador. Por supuesto, él es quien se encarga de cuidar la selva. Por eso he decidido caminar hasta allá para hablar con él y decirle que detenga la destrucción de la selva. Voy a salvar la selva para que, cuando nosotros los niños seamos grandes, haya una selva en México.

—¡Bendito sea Dios!—exclama la mujer persignándose.—Este niño debe ser un enviado de Dios.

—No— dice el padre de Omar sonriendo. — Es un niño común y corriente. Todos los niños tienen buenas ideas. La diferencia es que yo sí hice caso de lo que mi niño dijo. A mí nunca me importó que destruyeran la selva o se exterminara a los animales, pero cuando reflexioné sobre lo que mi hijo decía, me di cuenta de lo inteligente que es, así que decidí acompañarlo.

—Omar, ¿tienes que caminar tan rápido?

El padre de Omar está exhausto, tiene ampollas en los pies y está quemado por el sol.

—Sigue caminando, papá. No podemos rendirnos ahora. Ésta es una marcha de protesta, así que tenemos que andar todo el camino.

Han caminado por más de una semana. Han llegado a las llanuras y pueden ver las primeras plantaciones de plátano, palmeras y árboles de mangos.

Omar se acuesta dentro de la tienda y escucha. La noche anterior oyó a los coyotes aullar alrededor de la tienda: auuu, auuu, auuu; tenía mucho miedo. Ahora está acostado ahí escuchando el murmullo del follaje. «Y ¿qué pasaría si una serpiente se metiera a la tienda? ¿Qué tal si llegaran unos ladrones a atacarnos?» piensa Omar. Un enorme «trailer» retumba al pasar y sacude la tienda. «Con que el conductor no se quede dormido y nos arrolle con todo y tienda, todo está bien» piensa Omar.

—Omar, ¿estás despierto?— pregunta su padre.

—Ajá— dice Omar. No puedo dormir.

El padre de Omar está sentado en la entrada de la tienda. Está llenando de arena el tarro vacío y luego echa un poco de petróleo sobre la arena; entonces, arroja un cerillo encendido y, cuando el petróleo arde, pone el pedazo de chapopote. En unos momentos más, la llama arde y da una luz clara y brillante.

—Bueno —dice el padre de Omar—, en realidad tuvimos un día pesado. Hacía mucho calor y prácticamente no hubo sombra un minuto. Además, tanto tránsito... Pero ahora el clima es agradable. No pasaremos frío esta noche.

—No —dice Omar, sonriendo.—¿Recuerdas la primera noche en la tienda? Yo había soñado en lo maravilloso que sería ir de campamento. Pero, de pronto, la lluvia lo bañó todo y hacía mucho frío allá arriba en las montañas.

—Sí —dice el padre. —Y cuando eran las tres de la madrugada, tuve que quitar la tienda porque la lluvia estaba entrando. Tuvimos que caminar en la oscuridad, ¿recuerdas?; una hora después estabas empapado y tieso por el frío; llorabas y te negabas a dar un paso más, así que yo te cubrí con periódicos y con la tienda y te acosté en el suelo. A las siete de la mañana te cargué hasta que llegamos con una señora que vendía pozole caliente. Eso te reanimó y pudimos seguir caminando.

—¿Cuántos días más tendremos que caminar para llegar allá?— pregunta Omar.

—Pensé que nos tomaría quince o veinte días —dice el padre de Omar—, pero no será posible; llevará más tiempo. Pero hay algo más que tenemos que discutir. Ha ocurrido algo muy serio: creo que no podemos continuar el viaje.

—Pero, ¿por qué?— pregunta Omar asustado.

—Se nos acabó el dinero.

Aunque ya no tienen dinero, deciden seguir adelante.

—Tendremos que mendigar comida— dice Omar.

Entran en un restaurante y el padre de Omar explica al dueño el porqué de la caminata. Luego, le dice que no tienen dinero y que su hijo está hambriento. El dueño del restaurante se niega a darles de comer y los echa de ahí sin darles ni un vaso con agua. Más adelante encuentran a una viejita parada afuera de una choza que les hace señas, los invita a entrar, prepara café y se lo sirve con pan.

Eligen el camino más corto a Tuxtla, y eso significa que tienen que cruzar una zona de rancherías muy pobres. Mucha gente les advierte que es preferible tomar otra ruta. «Ésa es muy peligrosa», dicen. «Los atacarán y los asaltarán.» Pero Omar y su padre no cambian de opinión porque esa ruta es 200 kilómetros más corta que la otra. Al principio tienen un poco de miedo, pero no los asaltan; es más, niños y mujeres se les acercan y les regalan naranjas y totopos.

Omar comienza a pensar que la caminata resulta un tanto aburrida. Todos los días es lo mismo: caminar por el camino de asfalto con los camiones y trailers que pasan retumbando. A veces les dan algo para comer, pero a menudo tienen que caminar todo un día sin nada. Entonces, Omar y su padre empiezan a llorar porque tienen hambre y echan de menos su casa.

Todos los días Omar piensa, «¿por qué no traje alguno de mis juguetes?» Cuando ve niños jugando en un pueblo, se detiene y los mira con ansia, pero nunca lo invitan a jugar. Una de las pocas cosas que puede hacer para entretenerse es recoger piedras del camino y lanzarlas hacia los troncos de los árboles o a los postes.

Omar piensa que lo único realmente memorable que ocurre es cuando, una noche, su padre es mordido en la cabeza por una rata; y cuando ven un enorme alacrán en el camino o cuando encuentran serpientes aplastadas por los autos.

Un día, el padre de Omar cuenta a una familia que su hijo piensa salvar la selva, y ellos le regalan un muñeco de Tarzán. Omar se alegra tanto que lo lleva en la mano todo el día y por la noche juega con él hablando en voz alta.

Ya llevan veinticuatro días caminando. La mañana del vigésimo quinto día, el papá despierta a Omar tocando «Las mañanitas» con su armónica. Se levanta, y su padre le da un beso y un fuerte abrazo y le dice:

—¡Feliz cumpleaños, hijo! Ya tienes nueve años.

Omar había olvidado por completo que ese día era su cumpleaños. Se da cuenta que su papá está triste y entiende que es porque no tiene dinero para comprarle un regalo.

Ese día, al atardecer, llegan a un pequeño pueblo. Había habido rumores acerca de su llegada, así que los recibe una muchedumbre curiosa por verlos. El padre de Omar les dice que es el cumpleaños de éste. De inmediato, una señora los invita a su casa y prepara un pastel para Omar e invita a todos los vecinos para que tenga una verdadera fiesta de cumpleaños. La casa se llena de gente, y un enorme pastel de chocolate con nueve velitas se destaca en el centro de la mesa.

—Omar, ¡apaga las velas!

Omar se agacha y sopla tan fuerte como puede. Entonces, alguien le embarra el pastel en la cara; al enderezarse, su cara está llena de chocolate, crema y mermelada. Omar piensa que éste es un día lleno de dicha.

189

Salen del pequeño pueblo y se detienen en un restaurante donde hay un televisor encendido. Ven la imagen de un edificio derruido que parece un enorme pastel embarrado en el piso, y ven enfermeros sacando gente herida en camillas.

—La Ciudad de México fue sacudida por un fuerte terremoto esta mañana —dice la voz de la televisión. Este hospital es uno de los muchos edificios destruidos por el temblor.

—¡Dios mío! —dice el padre de Omar— ése es el hospital donde trabaja la abuela. Omar comienza a llorar. Piensa que su abuela puede ser una de las personas que llevan en camillas.

—Debemos averiguar cómo están la abuela y mamá —dice el papá de Omar, con lágrimas en los ojos. Si les ha ocurrido algo, tendremos que volver a casa.

Pero es imposible averiguar algo. Nadie puede comunicarse con la Ciudad de México por teléfono porque las líneas están destruidas. Finalmente, un radio-aficionado ofrece ayudarlos. Con su transmisor se comunica con otros radio-aficionados de la Ciudad de México que prometen investigar cómo están los abuelos y la mamá de Omar.

Omar y su padre esperan tres largos días sin recibir noticias; pasan el día entero frente al televisor, pues todo el tiempo hay transmisiones en vivo desde la Ciudad de México. Omar ve con horror enormes edificios derrumbados, un hotel en llamas, escuelas destruidas y calles enteras con oficinas reducidas a escombros. Ve gente que ha abandonado sus hogares y duerme en parques o estacionamientos, arropándose con telas de plástico; ve una anciana que sonríe feliz a la cámara, porque logró rescatar a su canario de las ruinas de su casa.

Omar llora a menudo y, por las noches, no puede dormir. Cuatro días después del temblor, por fin, el radio-aficionado les dice:

—Tu abuela vive, Omar. No estaba en el hospital cuando ocurrió el terremoto. Tu mamá está bien y les manda muchos besos. Y tu casa no sufrió daño alguno.

Después
de 39 días de caminata llegan a
Tuxtla. Han caminado 1,400 kilómetros y están muy
cansados, pero al fin Omar podrá hablar con el gobernador.

Tiene que esperar todo el día afuera de la casa del gobernador antes de ser
recibido. Llegó el momento que Omar tanto había esperado; su corazón late con
fuerza cuando está frente al gobernador y le dice:

—Salve mi selva y prohíba la cacería de los animales de la selva por los próximos
veinte años.

El gobernador sonríe y le acaricia la cabeza cariñosamente.

Al salir, Omar se da cuenta de que al gobernador no le había importado en
absoluto lo que él le había dicho.

191

Omar está profundamente decepcionado. En verdad creía que el gobernador le diría: «Tienes razón, ahora mismo detendré la destrucción de la selva.» No fue así.

Pero, al menos, Omar tiene la oportunidad de conocer la selva. Cuando la ve, al principio, se siente desilusionado otra vez, pues no se parece en absoluto a lo que había imaginado: no hay lianas colgando de las ramas de los árboles para que él pueda mecerse como Tarzán en las películas y no se ve animales por ningún lado. Pero después de un rato de estar parado entre la hierba, viendo los enormes árboles con enredaderas cubriendo sus troncos y escuchando con atención el canto de tantos pajarillos encaramados en algún lugar de las altas copas de los árboles, piensa que ha valido la pena caminar 1,400 kilómetros para ver una selva de verdad.

193

La selva en la que Omar pasea es una pequeña área que quedó después de que talaron la selva que rodeaba a Tuxtla. En esta área hay un zoológico donde Omar ve todos los animales que había soñado: jaguares, cocodrilos, monos araña, monos aulladores, tapires, guacamayas y el águila más grande del mundo. Se entera de que estos animales habitan en la última selva de México, pero que están en peligro de extinción debido a la tala de la selva y a que la gente los caza para venderlos.

Don Miguel hizo este zoológico y se lo enseña a Omar. Ahí aprende que la mitad de los animales y las plantas del mundo viven en la selva. Si ésta desaparece, los animales y plantas desaparecerán para siempre, pues cuando se destruye una selva, es imposible que vuelva a nacer. También aprende que muchos medicamentos se obtienen de las plantas de la selva. Hasta ahora se conocen sólo algunas plantas de la selva que pueden usarse como medicamentos; si uno destruye la selva, también desaparecerá la farmacia más grande del mundo.

—Y cuando la selva desaparece —dice Don Miguel—, el clima cambia. Para que te des una idea, mira cuán seca se ha vuelto la región que rodea a Tuxtla. Tenemos que irrigar este parque zoológico, porque temo que está por secarse.

Omar aprende por qué las selvas de América Latina desaparecen. Primero, llegan las grandes compañías madereras y abren caminos para cortar árboles en la selva. Después, llegan los campesinos que se adentran en la selva porque no tienen tierras propias; con su machete cortan árboles pequeños y arbustos, y queman los árboles grandes; luego, siembran maíz sobre las cenizas. El primer año, la cosecha es buena, pero como la capa de tierra de la selva es tan delgada, después de dos o tres años la cosecha es tan mala que el campesino tiene que cortar y quemar un nuevo trozo de selva. Después llegan los ganaderos; con frecuencia ocurre que los ganaderos mandan a los campesinos para realizar el trabajo pesado de la tala y usan la tierra para llevar a su ganado a pastar ahí. Omar se entera de que antes había mucha selva en México, y hoy sólo queda el 5%. La mayor parte de la selva devastada ha sido transformada en ranchos ganaderos. Lo mismo ha pasado en los países de América Central. La carne se vende a las ciudades grandes o se exporta a Estados Unidos.

Omar se siente aturdido al pensar que las selvas de México y de otros países de América Central y del Sur son taladas para beneficio de los habitantes de las ciudades grandes. En los últimos veinte años, la mitad de las selvas de América Central ha desaparecido y en su lugar hay ranchos ganaderos, donde pastan pocas vacas.

—Yo estoy viejo y cansado—dice Don Miguel al padre de Omar. He luchado toda mi vida por preservar la selva y los animales de México. He fracasado, y ahora no tengo la fuerza necesaria para continuar. Por eso me alegra que haya personas como este niño; aún me queda la esperanza.

Cuando Omar escucha lo que Don Miguel dice, entiende que no debe darse por vencido. «Tengo que seguir» —piensa. «Debo hablar con el Presidente, después de todo, él es el responsable del país.»

195

Un día de diciembre, ese mismo año, Omar y su padre llegan al Zócalo, la enorme plaza cuadrada que está frente al Palacio Nacional, en el centro de la Ciudad de México.

Levantan su pequeña tienda de campaña roja bajo el balcón presidencial y, de inmediato, una multitud los rodea.

—¿Están locos? —preguntan.

—¿Por qué están acampando en el Zócalo?

—Porque quiero hablar con el Presidente —responde Omar—, pero él no quiere recibirme; por eso no pienso moverme de aquí hasta que me permita entrar y escuche lo que tengo que decirle.

Cuando la tienda está instalada, Omar comienza a caminar alrededor de la plaza con su bandera. Camina sin parar dando vueltas y vueltas al Zócalo. «Me imagino que el Presidente está detrás de alguna de esas ventanas», piensa. «Si me ve, seguro que se compadecerá de mí y me dejará entrar.»

196

Pero el Presidente no se asoma. Al caer la noche, Omar y su padre se meten a la tienda; Omar está desilusionado. Hace mucho frío, pues diciembre es el mes más frío del año; Omar tiene tanto frío que sus dientes castañetean, a pesar de que se ha puesto cuanta ropa llevaba y se ha cubierto con una cobija. Al día siguiente reanuda su marcha por la plaza. Mucha gente ha ido a verlo porque esa mañana hablaron de él en el periódico; las mamás lo señalan diciendo a sus hijos:

—Mira, ése es el niño caminante.

Muchos automovilistas se detienen, salen de sus autos, aplauden y levantan sus pulgares en señal de apoyo; otros le gritan:

—¡Arriba, Omar! ¡Sigue luchando por la selva! ¡Estamos contigo!

Esa noche, Omar y su padre no duermen solos en la plaza. Personas desconocidas se han sentado alrededor de su tienda, montando guardia para que nada les ocurra.

Al día siguiente llega una niña con un pequeño regalo para Omar: un árbol de Navidad de plástico; pronto será Navidad, y ella piensa que él debe tener un árbol en su tienda. También llegan otros niños; unos traen carros de juguete. Y, de pronto, Omar se olvida de su marcha y se sienta con ellos a jugar. Mientras juegan, Omar les habla de la selva, que está a punto de ser destruida y de los animales amenazados con extinguirse. Los niños le dan la razón y se ofrecen a ayudarlo. Hacen banderas de papel y se unen a la marcha de Omar alrededor del Zócalo.

—Nosotros vamos a salvar la selva —gritan tan alto como pueden.

Varios adultos se detienen a observar a los pequeños. Uno de los espectadores les grita:

—¿Cuántas vueltas piensan darle al Zócalo?

—¡Cien! —responde Omar.

—¡No, más! —gritan los otros niños.

Pero, parece que al Presidente no le importan los niños.

Omar y su padre pasan cuatro noches en la plaza y Omar camina cinco días con los demás niños. Finalmente, Omar está tan cansado que se para bajo el balcón del Presidente y grita:

—¡Señor Presidente! Tengo hambre, tengo frío. Por favor, déjeme entrar. Señor Presidente, si usted tiene hijos, piense en ellos.

Nadie se asoma al balcón y Omar reanuda su caminata. Después de dar más de doscientas vueltas a la plaza, un hombre se acerca a decirle que el Presidente quiere hablar con él.

—¡Papá, lo logré! —grita Omar corriendo hacia su padre para darle un gran abrazo. No puede contener las lágrimas y, lleno de alegría, da dos vueltas más a la plaza, corriendo.

Omar sólo puede hablar con el Presidente unos cuantos minutos en un jardín. Sabe que no tiene mucho tiempo, así que sólo dice lo más importante. Pide al Presidente salvar la última gran selva del país para que pueda legarse a los niños de México como herencia. El Presidente le dice que no se preocupe, que hay planes para proteger la Selva Lacandona y le asegura que en el lapso de un año ningún árbol más será cortado.

Omar se aleja sintiéndose «en las nubes». «Lo logré, lo logré», se repite una y otra vez.

Un año más tarde, Omar está en el mercado de Sonora, en el centro de la Ciudad de México, donde venden juguetes muy bellos. Mira los juguetes, pero en realidad ha venido para ver los animales. En un rincón del mercado venden toda clase de animales: pajarillos, gatitos, gallinas, conejos, perros y ratones.

De pronto, Omar ve un tucán, el ave más bella de la selva. Sabe que está prohibido atrapar y vender tucanes, así como otros animales raros, pero a pesar de ello ahí hay un tucán a la venta. Omar siente cómo su ira aumenta, se acerca a la jaula, levanta el paño con el que está cubierta y mira al pájaro. El tucán con su gran pico amarillo, inclina la cabeza a un lado. Omar tiene la impresión de que el tucán lo mira con ojos tristes.

Los adultos no cumplen sus promesas —susurra Omar al tucán—. El Presidente me dijo que al cabo de un año la Selva Lacandona estaría a salvo, pero no fue así. Ya pasó un año y los adultos siguen cortando los árboles y convirtiendo la selva en ranchos ganaderos. Y, ¿sabes qué más sucede allá? Verás, las compañías petroleras abren caminos en medio de la selva y dinamitan esa zona en busca de petróleo; además, atrapan hermosas aves como tú, a pesar de que está prohibido. Pero no estés tan triste, te prometo que no me daré por vencido. Voy a salvar la selva y un día, cuando gane la batalla, vendré a buscarte e iremos juntos a la Selva Lacandona; te posas en mi brazo, después levantas las alas y te vas volando, y yo te miraré hasta verte desaparecer entre los árboles más altos.

¿Disfrutaste el cuento del niño que quería salvar la selva? Bien, pues no es ningún cuento; yo soy Omar Castillo. Ahora tengo once años; todo lo que has leído en el libro sucedió cuando yo tenía ocho y luego nueve años.

Era muy infantil en aquel tiempo. Pensaba que podía hacerlo todo por mí mismo. Creía que bastaba con ir y hablar con los adultos que tienen el poder de tomar decisiones. Pensaba que bastaba con decir: «Salven mi selva». Ahora sé que no es así.

Cuando me di cuenta de que seguían talando la selva, hice un viaje en bicicleta a varios estados de la República para pedir a los gobernadores que le escribieran al Presidente pidiéndole que proteja la selva y los bosques. Casi ningún gobernador se atrevió a escribir al Presidente.

Por eso me di cuenta de que no podría salvar la selva yo solo. Es necesario que seamos muchos más.

Ahora he hablado con muchos niños en México y sé que ellos piensan como yo; todos los niños quieren que haya una selva cuando sean grandes. Y todos los niños con los que he hablado están tan decididos como yo. Si los adultos no dejan de talar la Selva Lacandona, tendremos que ir todos allá; habrá cientos de miles de niños formando una larga cadena que rodeará la selva. Y no nos moveremos hasta que dejen de talar.

¿QUÉ TE PARECE?

1. ¿Por qué Omar y su padre caminaron a Tuxtla?

2. ¿Por qué crees que el Presidente y los gobernadores no le hicieron caso a Omar?

3. ¿Crees que Omar logró algo?

4. ¿Piensas que es esencial conservar la selva? ¿Por qué?

ESCRIBE EN TU DIARIO

¿Crees que tú podrías ayudar en la tarea de preservar selvas y bosques?
Escribe tres ideas.

¿Qué es la selva?

Una selva es un bosque tropical con una lluvia anual cercana a las 80 pulgadas. Estas caídas de agua tan abundantes ocurren cerca del ecuador, donde hace mucho calor, por lo que la mayoría de las selvas están en esa área. Se las puede encontrar en el sur de México, América Central, norte y centro de América del Sur, sudeste asiático y África Central.

En la mayoría de las selvas tropicales crece una densa variedad de árboles y plantas que siempre están verdes. Tal es la cantidad y variedad de estas plantas que la selva se vuelve muy tupida y es casi imposible penetrar. Por ejemplo, cuatro acres de selva contienen hasta 200 variedades de árboles, algunos de los cuales tienen hasta 50 metros de alto. De esta forma, la sombra provee refugio seguro y fresco para las flores y plantas más delicadas. La mayor parte de las especies de animales y plantas que existen en la tierra, crecen en la selva.

La selva es importante por diversas razones: limpia y renueva la atmósfera terrestre tomando el bióxido de carbono del aire y liberando el oxígeno. La selva amazónica, en América del Sur, provee al mundo del cuarenta por ciento del oxígeno.

En muchos países alrededor del mundo, la gente está destruyendo las selvas para usar la madera como material de construcción o combustible. La tierra que queda sin árboles es usada para instalar casas y fábricas, estancias ganaderas y también cultivos. La gente no entiende que la selva es necesaria para la salud de la tierra y de sus habitantes, y a medida que cortan no pueden replantar o renovar lo destruido.

¿Cómo podemos colaborar para conservar la selva? No comprar productos de madera que están hechos con árboles que están en grave peligro. Puedes hacer campañas en tu barrio para que la gente junte el papel usado, diarios fundamentalmente, y no lo tire, sino que lo recicle. Con eso lograrás que se corten menos árboles para hacer papel. También puedes escribir cartas a miembros del gobierno y a los responsables de negocios explicando tu preocupación por la selva y haciéndoles saber qué es lo que vas a hacer para ayudar. Si todos nos ponemos de acuerdo, podemos hacer algo productivo.

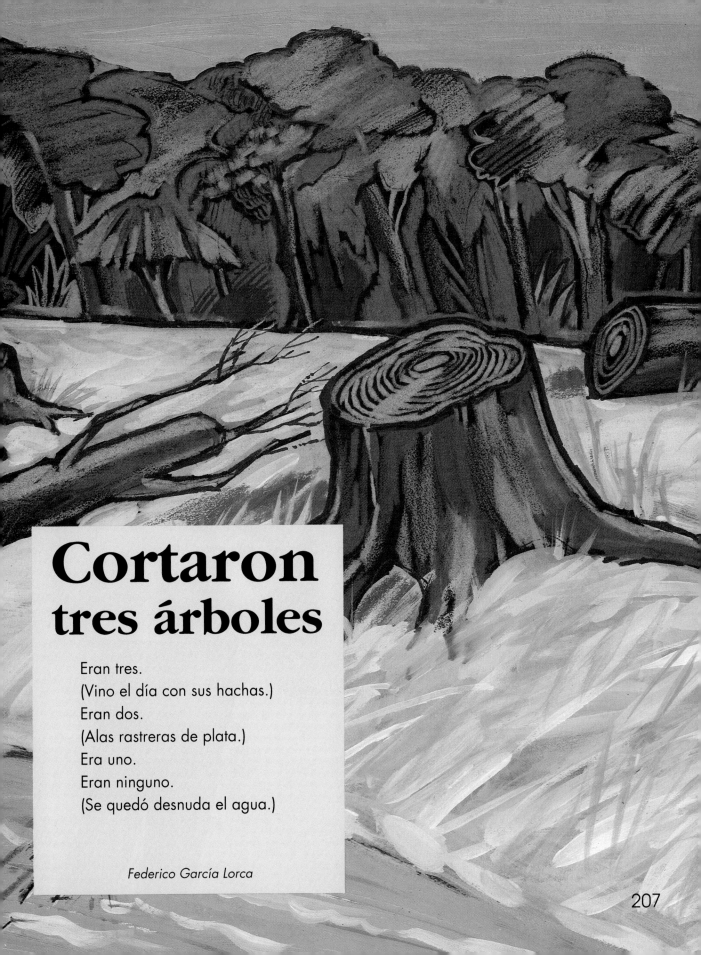

Cortaron tres árboles

Eran tres.
(Vino el día con sus hachas.)
Eran dos.
(Alas rastreras de plata.)
Era uno.
Eran ninguno.
(Se quedó desnuda el agua.)

Federico García Lorca

207

TEMA

TRAVESURAS DE MI TIERRA

Todos hemos hecho travesuras alguna vez. En estos cuentos divertidos conocerás a ciertas personas que, usando su astucia, evitaron que alguien los perjudicara. ¿Cómo lo hicieron? ¿Saldrían airosos? ¡Quizás descubras que alguna vez tú has estado en una situación parecida!

Í N D I C E

· ·

Fabulilla

La araña dijo a la mosca
con muy corteses razones:
—Ven, recorre mis salones,
examina este primor.
Pero la mosca prudente
así contestó advertida:
—Al salón fuera en seguida;
pero no a tu comedor.

Manuel Osorio y Bernard

Ronda y paisaje

¡Mira cómo gira
la ronda traviesa:
entre los trigales,
sobre las praderas;
gira como el canto
de viejas leyendas!

Viaja por el bosque,
viaja por el prado,
viaja por los montes,
viaja por los campos,
viaja por los surcos
que dejó el arado.

Sierran las chicharras
la paz de los valles,
cuando silba el viento
entre los cardales
la ronda que bordan
bohemios zorzales.

¡Mira cómo gira
la ronda traviesa:
entre los viñedos,
entre las acequias,
llevando en sus alas
canciones ingenuas!

Viaja entre las piedras,
viaja por los ríos,
viaja sobre el sueño
de antiguos caminos
que saben la historia
de miles de siglos.

Zumban los recuerdos
de rubias edades
cuando va rondando
por campos y valles
la ronda que lleva
la voz del paisaje.

Juan Bautista Grosso

213

CHILE

ANTONIO Y EL LADRON

Un cuento de la tradición oral chilena,
recreado por Saul Schkolnik.
El ilustrador, Carlos Rojas.

Un niño llamado Antonio estaba jugando en el patio de su casa.

Vino su mamá y le dijo:

—¡Oye Toño!, anda al pueblo a comprar harina y manteca que se han acabado— y le pasó un montón de monedas. —¡Y cuidadito, que no se te vayan a perder!

Antonio se las guardó bien guardadas en el bolsillo y poniéndose su manta y su sombrero partió a Toconce, que no más quedaba al otro ladito del cerro, apretando el dinero con la mano.

Iba silbando muy alegre, cuando de repente miró para atrás y ahí venía un hombre siguiéndolo. Nadita bien pareció esto al niño, así que aprovechando una curva del camino, se sacó el sombrero, lo colocó en el suelo, le metió debajo una piedra y aparentó estar sujetándolo bien, pero bien firme.

Llegó el hombre —que era ladrón— hasta donde estaba Antonio y le preguntó:

—Dime, ¿qué tienes en el sombrero?

—Una gallina tengo encerrada, pero es tan astuta que si la suelto ¡guay, de inmediato se me vuela! ¿Por qué no me la sujetas un rato?, yo voy a buscar una jaula— le pidió Antonio.

«Cuando este chiquillo tonto se vaya yo me quedo con la gallinita en vez de robarle otra cosa», pensó el bandido, «seguro que no anda trayendo nada que valga tanto». Y agachándose,

afirmó bien afirmado el sombrero. Antonio aprovechó para alejarse ligerito.

El ladrón esperó a que se perdiera de vista, levantó con cuidado una puntita de sombrero, metió la mano de golpe y... ¡zas! le dio un agarrón... a la piedra. —¡Auch!— gritó.
No estaba la gallina.

—¡Reflautas!— exclamó muy enojado —Este chiquillo me engañó.
Ni bien lo pille, me las va a pagar.
Se encasquetó el sombrero y siguió apurado al niño.

Al ratito, Antonio miró de nuevo para atrás y vio al mismo hombre que lo iba alcanzando. Trepó, entonces, por el cerro hasta donde había una piedra grande, se sacó la manta, la dobló bien doblada, la puso en la piedra y apoyó el hombro contra ella como si estuviera haciendo fuerza para atajarla.

Llegó el bandido, se paró debajito del niño y le preguntó:

—Dime, ¿qué estás haciendo con esa piedra?

—¡Cuidado!— le advirtió el muchacho,— esta piedra se va a caer y nos va a aplastar a los dos y a todita la gente de Toconce. ¿Por qué no la sostienes un ratito? Yo voy a buscar una estaca.

Se asustó el ladrón y apoyando su hombro contra la manta se puso a sujetar la piedra. Esperó mucho rato el hombre y el niño no llegaba. Se estaba demorando demasiado. ¿Y cómo no iba a demorar si había partido corriendo hacia el pueblo? Al rato el bandido pensó, «¡Uf, qué cansado estoy! Largaré la piedra, no importa que me aplaste a mí y a todo el pueblo». Soltó la piedra y ésta no se movió nada.

—¡Reflautas!— exclamó muy enojado —Este niño me engañó otra vez. Ahora lo voy a alcanzar, le voy a robar todo lo que tiene y además le daré feroz paliza.

Y corrió tras el muchacho.

Antonio iba llegando a Taconce. Ya podía ver las casas con sus muros de piedra y techos de paja desparramados entre el verdor del valle protegido por áridos cerros. A medida que se acercaba, plantas y algarrobos crecían, cada vez más abundantes, a la vera del sendero. Volvió a mirar a sus espaldas y vio que el hombre se acercaba ahora corriendo. Rápidamente se arrimó a un algarrobo y comenzó a trenzar una cuerda.

El bandido llegó hasta donde él estaba.

—Dime, ¿qué haces con esa cuerda?— le preguntó.

—Estoy trenzándola para que quede más resistente —le dijo— porque la tierra va a darse vuelta y toditos nos caeremos, menos los algarrobos, por eso me voy a amarrar bien amarrado a este árbol.

—¿De veras?— se alarmó el hombre, y pensó, «si ha de darse vuelta, no seré yo quien se caiga», entonces le exigió al niño: —A mí me atas primero, y después te amarras tú si quieres.

—Antonio hizo como que lo pensaba y luego aceptó:

—¡Está bien! —dijo— A ti te amarraré primero. Abrázate fuerte al algarrobo.

Así lo hizo el ladrón y Antonio lo amarró bien apretado.

—No aprietes tanto que me duele— se quejó el hombre, pero el muchacho siguió apretando. Cuando acabó de atarlo se fue al pueblo, compró la harina, la manteca y partió de vuelta. Llegó al lugar donde estaba el ladrón amarrado al árbol y éste le preguntó:

—¡Oye! ¿Cuándo me dijiste que iba a pasar eso que dijiste?

—¡Lueguito, lueguito !—le contestó el niño—, pero mientras tanto, como está comenzando a caer la helada me voy a llevar mi manta y mi sombrero para abrigarme.

Le sacó el sombrero y la manta al bandido, se los puso y se fue silbando bien contento a su casa.

¿QUÉ TE PARECE?

1. Nombra las tres cosas que le hizo el niño al ladrón para engañarlo.

2. ¿Quién era más astuto, el bandido o el niño? ¿Por qué?

3. ¿Alguna vez tuviste que engañar a alguien para escapar de una situación difícil? ¿Qué hiciste? ¿O qué harías?

ESCRIBE EN TU DIARIO

Si estuvieras en la misma situación que el niño, ¿qué harías al ladrón? Escribe una lista de tres cosas que harías.

Para ti

¡Qué sí!
¡Qué he robado la luna
para ti!
  En el fondo del río
la vi,
y con redes celestes
la cogí.
¡Qué sí!
¡Qué yo traigo la luna
para ti!

Pura Vázquez

EL GIGANTON CABELLUDO

Un cuento basado en un mito
agrario ecuatoriano,
recreado por Pierre Gondard.
Ilustradora: Mariana Kuonqui

224

Hace muchos años un campesino llamado Tadeo compró, por unos pocos centavos, un lote de terreno.

—¿Y por qué te salió tan barato? —le preguntó maravillada Lisa, su mujer—. ¿Estás seguro de que esto no nos va a traer problemas?

—Seguro que no — contestó Tadeo—. Esta tierra es buena y nos pertenece a nosotros, sólo a nosotros…

—¡Querrás decir a mí! —gritó una voz detrás de ellos.

Lisa y Tadeo se dieron la vuelta sobresaltados. Y cuál no sería su asombro al ver junto a ellos a un gigantón cabelludo. Tenía los ojos encarnizados, una nariz redonda y colorada como una remolacha, las cejas enmarañadas y las orejas largas y puntiagudas. Los cabellos, erguidos como las púas en un erizo, parecían una telaraña. Vestía un pantalón andrajoso, sostenido por piolas. Por los agujeros de su ropa asomaban las rodillas y los codos peludos. Y sus brazos eran los más largos que jamás se hayan visto.

—¡Lárguese de mi tierra! —gritó con voz estridente, mientras movía sus brazos como las aspas de un molino de viento.

—¿Su tierra? —preguntó Tadeo.

—Sí, mi tierra, heredada de mi padre gigantón.

—Usted no hablará en serio —replicó Tadeo—. Este territorio acabo de comprarlo yo.

—Lárguese —gritó nuevamente el gigante,

pataleando con furia—. Yo estaba aquí antes que usted.

—Aquí estoy y aquí me quedo —dijo Tadeo—. Esta tierra es mía.

Entonces intervino Lisa:

—Quizás hay una solución, Tadeo. Tú siembras y luego compartimos la cosecha con el gigante.

Tadeo no veía muy claramente lo que se podía lograr con ese arreglo. Pero Lisa añadió en seguida:

—¿Cuál mitad de la cosecha quiere usted, gigante? ¿La de encima o la de abajo?

—¿La de qué?

—¿Quiere usted quedarse con la parte que crece encima de la tierra o con la que crece debajo? ¿Cuál de las dos prefiere? Escoja, pues.

—Tomaré la parte de encima —contestó riendo burlonamente—. ¡Ustedes se quedarán con las raíces!

Entonces Tadeo y el gigantón cabelludo sellaron el pacto golpeándose las palmas de la mano y el gigante se marchó.

Después de arar el lote, Tadeo sembró papas. Quitó las malezas con el azadón y cuidó de la sementera. Al momento de la cosecha el gigantón cabelludo volvió para reclamar su parte.

—¡Ah, aquí está usted! —dijo Tadeo—. Tome todo lo de encima que es suyo: lindas hojas verdes que no sirven para nada, pero en fin, son suyas.

—¡Eso es una pillería! —gritó el gigante.

—Un pacto es un pacto, gigante. Ahora, tome usted sus hojas y váyase.

—¿Y qué quiere usted para el próximo año? —preguntó Lisa—. ¿Tallos o raíces?

—¡Raíces, desde luego! La próxima vez ustedes se comerán los tallos.

Dicho esto, el gigante cabelludo desapareció.

—¿Y ahora, qué haremos? —preguntó Tadeo a su mujer.

—Sembraremos habas, querido. El gigante se llevará las raíces, si quiere.

Luego de sacar todas las papas y dejar lista la tierra, Tadeo sembró habas. Semanas después, salieron las plantitas. Y cuando llegó el gigante cabelludo a buscar su parte de la cosecha, la parcela era una espesa alfombra verde-azulada ondeando bajo el sol y el viento.

—Bueno—dijo Tadeo—para mí los tallos, para usted las raíces.

El gigante gritó enfurecido:

—¡Otra vez me engañaste, sinvergüenza! Te voy a...

—Usted no me va a hacer nada —contestó Tadeo—. El pacto tiene que cumplirse.

—De acuerdo, has ganado. Pero el próximo año sembrarás cebada. Y compartiremos la cosecha de la siguiente manera: tú empezarás por este lado y yo por este otro. Cada uno se quedará con lo que haya segado.

Tadeo miró los brazos largotes del gigante y se dio cuenta de que podrían segar con más rapidez que los suyos.

—No, no es justo —dijo.

Pero tuvo que pactar y el gigante se marchó riendo burlonamente. Cuando Tadeo puso a Lisa al corriente de lo acordado, la mujer se quedó pensando un rato.

—Supongamos que una parte de esta cebada tenga tallos más duros que la otra parte —dijo—. Costará más esfuerzo cortarla y será necesario afilar la guadaña continuamente.

—¡Ah! —dijo Tadeo—, es una suerte que el gigante cabelludo no tenga una mujer tan inteligente como tú.

Tadeo aró su parcela y sembró cebada, mezclándola con semilla de altramuz en la parte que le tocaba cosechar al gigante. La cebada creció muy bonita.

El día fijado para la siega, el gigante cabelludo llegó de madrugada. Tenía en su mano una hoz enorme.

Tadeo empezó a cortar la cebada, moviendo la guadaña con un gesto amplio y ágil. El gigante, en cambio, tenía que emplear fuertes golpes, por el tallo leñoso de las matas de altramuz. Sudaba, jadeaba, se detenía...

—¡Parece que los tallos están más duros por aquí! —gritó.

El gigante le sacaba filo a la hoz y seguía cortando. De vez en cuando, se paraba a secarse la frente con su manga.

—¡Ya no puedo más! —gemía.

—¡Qué raro! — contestaba Tadeo.

El gigante cabelludo se esforzó nuevamente, moviendo la hoz con energía desesperada. Pero a cada golpe la mellaba más. Al fin, se desplomó en el suelo lleno de rabia. Se levantó, lanzó al viento un puñado de malas palabras y se marchó a grandes pasos, jurando vengarse al año siguiente, con o sin pacto.

Tadeo y Lisa se felicitaron por su nuevo éxito. Además de la cebada de toda la parcela, recogieron el altramuz que habían sembrado en la parte que correspondía al gigante.

—Tres años, tres buenas cosechas, y el gigante no pudo quitarnos nada. Mujer, ahora merecemos un descanso y el terreno también —dijo Tadeo con un suspiro y una mirada de satisfacción—. Nos ha resultado tan buena tu idea, que en adelante volveremos a sembrar la tierra en la misma forma, empezaremos con las papas.

El gigante cabelludo no volvió a aparecer y poco a poco los campesinos de la comarca fueron imitando la forma de sembrar de Tadeo y las generaciones siguientes continuaron la costumbre de alternar los cultivos.

¿QUÉ TE PARECE?

1. ¿Cómo explica el cuento el origen de la costumbre de alternar los cultivos?

2. Nombra las tres maneras en que Tadeo engañó al gigante.

3. Imagínate que regrese el gigante una vez más. ¿Qué sugerencia le darías a Tadeo para engañar al gigante?

ESCRIBE EN TU DIARIO

Al principio del cuento el autor describe al gigante con muchos detalles. Haz un dibujo de un gigante u otro personaje imaginario. Luego escribe un párrafo descriptivo sobre tu dibujo.

Segador

El segador, con pausas de música,
segaba la tarde.
Su hoz es tan fina,
que siega las dulces espigas y siega la tarde.

Segador que en dorados niveles camina
con su ruido afilado,
derrotando las finas alturas de oro
echa abajo también el ocaso.

Segaba las claras espigas.
Su pausa era música.
Su sombra alargaba la tarde.
En los ojos traía un lucero
que a veces
brincaba por todo el paisaje.

La hoz afilada tan fino
segaba lo mismo
la espiga que el último sol de la tarde.

Carlos Pellicer

Cultivos alternados

Una tierra fértil es aquélla que tiene todas las características y alimentos nutritivos necesarios para que las plantas crezcan sanas y fuertes. Por el contrario, una tierra árida es la que carece de estas características.

Una de las cosas más importantes es que la tierra sea porosa, con terrones grandes, de modo que provea suficiente espacio para que el aire, el agua y los alimentos nutritivos lleguen a las raíces de las plantas.

Otra característica necesaria es la presencia de los alimentos nutritivos. Normalmente, estos alimentos consisten en restos descompuestos de plantas que anteriormente han crecido en el mismo lugar. Cuando éstos faltan, los granjeros recurren al uso de alimentos artificiales: los fertilizantes.

Las tierras fértiles también deben estar ausentes de sustancias nocivas para las plantas. Por ejemplo, en climas húmedos, los ácidos son sustancias que perjudican las raíces de las plantas. En cambio en climas secos, ciertas sales están presentes en el suelo, siendo muy difíciles de remover.

La tierra en la que nunca se ha cultivado nada se llama tierra virgen. Puede dar buenas cosechas por un tiempo, en algunos casos por sólo dos años, en otros por más.

Si se planta trigo o maíz muchos años seguidos en una misma parcela de tierra, la materia orgánica de la tierra se agota, es decir queda sin alimentos nutritivos, la tierra pierde su porosidad y los terrones se deshacen. Queda con una estructura parecida al polvo, especialmente si el clima es seco.

Hay diferentes maneras de mantener la tierra fértil. En todos los casos lo importante es que quede suficiente planta en proceso de descomposición para que se vuelva a enriquecer. La rotación de cultivos, es decir el cultivo de diferentes plantas cada año, permite dejar en el suelo los restos adecuados para la semilla que se va a sembrar a continuación.

Un ejemplo de rotación es primero cultivar trigo, al año siguiente nabo, luego cebada y, por último, trébol que es el que servirá de fertilizante. La rotación de cultivos exige un cierto conocimiento de plantas y suelos. Este sistema de rotación para preservar la riqueza del suelo tuvo orígenes en la antigüedad, pero hoy día contamos además con la ayuda de la industria química que nos da los fertilizantes artificiales, la botánica que permite conocer las necesidades de las plantas y la agricultura que hace uso de todos estos conocimientos para determinar, de acuerdo al clima y el estado del suelo, la clase de cultivo más apropiado.

235

El periquito travieso

En la familia Periquez
hay un perico travieso
que se encarama en los árboles
y da unos gritos muy feos.
Ayer estaba jugando
con sus amigos al Tuero
y, para jugar a gusto,
al río verde se fueron.
Se buscaban, se llamaban
y así, todos se escondieron
en diferentes lugares;
pero el perico travieso
buscó en el agua del río
un escondite perfecto.
Perico fue el ganador
y a la vez salió perdiendo:
hoy los otros están sanos
y él con catarro y enfermo.
Lo cuidan sus hermanitos
y le están dando remedios
y él, estornuda, estornuda,
con un resfriado tremendo.
Hoy llegaron sus amigos,
le llevaron caramelos
y el periquito les dijo
muy quedo, como en secreto:
«me escondo, a veces, tan bien
que ni yo mismo me encuentro» ...

Manuel José Arce

237

EL ZORRO Y EL CUY

Un relato de la tradición oral de
los Andes peruanos.
Fue recopilado por Arturo Jiménez Borja.
La ilustración por Rosario Núñez.

Don Emicho, muy sorprendido, un día regresó del mercado, encontró grandes destrozos en su alfalfar. Las plantas estaban medio desenterradas, botadas y mordisqueadas.

—Qué cosa tan rara— se dijo pensativo —. ¿Quién habrá sido?

Algo debía hacer antes de que el intruso se comiera y destrozara todo su verde alfalfar. Entonces se le ocurrió una idea.

—Ya sé, ya sé— sonrió, y con unos palos, ramas y espinas se puso a hacer una trampa.

Pasaron cuatro días y el intruso no volvió. Don Emicho se dijo:

—Quizá mi trampa lo asusta— y se puso a hacer una trampa más pequeña. Después se fue a dormir.

Ya estaba soñándose bailando en la feria del pueblo, cuando lo despertaron unos chillidos. Se levantó rápido. Corriendo fue a su alfalfar y vio que en la trampa estaba un cuy, ¡ya iba a escaparse! Pero don Emicho dio un salto y cogió al cuy.

—¿Conque tú eres el que destrozaba mi verde alfalfar, no?— le dijo mientras lo amarraba a un árbol, pensando en comer cuy con papas, maní y ají.

¡Cómo se relamía de puro gusto! Y el cuy no podía ni moverse.

—Cuando salga el sol vendré a cocinarte— le advirtió

don Emicho, y regresó a seguir durmiendo, pues todavía era de noche.

El cuy estaba bastante preocupado, ¿qué haría para poder escapar? Cuando en eso pasó por allí un zorro.

—¡Compadre! ¿Qué ha pasado?— le dijo.

—Nada, compadre— sonrió el cuy—. Don Emicho tiene tres hermosas hijas y quiere casarme con la mayor, con Florinda, pues.

—¿Y por eso estás amarrado?— se asombró el zorro.

—Por eso mismito— prosiguió el cuy—. Don Emicho cree que si me caso con Florinda aprenderé a comer gallinas. Ellos sólo comen aves, compadre. Además yo no quiero casarme.

—¡A mí me gusta comer gallinas!— se entusiasmó el zorro.

—Hummm— dijo el cuy—, ¿quisieras cambiar mi suerte? ¿Te casarías con la hermosa Florinda y comerías gallinas todos los días?

El zorro, muy contento, desamarró al cuy y se puso en su lugar. El cuy lo ató lo más fuerte que pudo, y se despidió muy serio.

Cuando don Emicho salió de su casa para cocinar al cuy, casi se cae de sorpresa al encontrar al zorro bien amarrado y sonriente.

—¡Me las vas a pagar!— se enojó— ¡Conque anoche

eras cuy y ahora te has convertido en zorro!— y agarrando un palo empezó a golpearlo.

—¡Me casaré con Florinda, me casaré!— gritaba el zorro, soportando los palazos. Y sin parar de llorar le contó cómo había sido engañado por el cuy.

A don Emicho le bailaba la barriga de tanta risa. Pasó el tiempo. El zorro anduvo buscando al cuy. Hasta que un día lo encontró durmiendo lo más bien.

—Ahora me las pagas— murmuró el zorro.

El cuy al verse descubierto se paró de dos patitas debajo de una gran piedra, y le dijo:

—Compadre, el mundo se viene abajo, hay que contenerlo. ¡Ya me canso! ¿No ves que ya me canso?

El zorro creyó que de verdad el mundo se venía abajo. Se asustó, cerró los ojos y sin pensar más se puso a sostener la gran piedra.

—Voy por una estaca, compadre, no vayas a soltar la piedra, ¡ahorita mismo regreso!— le dijo el cuy, suspirando.

El zorro estuvo esperando más de una hora. Sudaba. Y no soltaba la gran piedra porque tenía miedo de morir aplastado por el cerro y por todo el mundo. Pasaron más de tres horas. Y no sucedió nada. El zorro, muy cansado, soltó la enorme piedra. Y tampoco sucedió nada. Entonces se dio cuenta de la astucia del cuy, y se puso a llorar y a patear de cólera. Pero no tardó mucho en volverlo a encontrar.

—Ahora sí que no se me escapa— pensó, observando a todo lado.

El cuy estaba descansando, adormecido por el brillante sol del mediodía. El zorro, enseñando los dientes blancos, empezó a acercarse, muy seguro y sin ningún apuro. Y el cuy al verlo así de molesto, caminando hacia él, se puso a escarbar y a escarbar, sin dejar de gritar muy confundido:

—¡Rápido, compadre, rápido que ya llega el fin del mundo!

—¿El fin del mundo?— se detuvo el zorro.

—¡Lloverá fuego, compadrito!— y siguió escarbando cada vez más agitado.

—¿Lloverá fuego?— empezó a sentir miedo el zorro.

—¡Claro, lloverá candela! ¡Y disculpa que no hay tiempo para seguir hablando!— y alejó al zorro con su patita.

Y el zorro, más asustado que nunca, se puso a cavar junto al cuy mientras le decía:

—Yo te ayudo, compadre, yo te ayudo.

Cuando el hoyo estuvo bien profundo, y al ver que el cuy ya iba a saltar adentro, él mismo se metió rogando:

—¡Yo primero! ¡No quiero morir quemado! ¡Tápame con tierra, hermanito! ¡Tápame rápido, por favor!

El zorro tenía tanto miedo que él sólo imaginó que ya llegaban los primeros rayos y truenos, y que faltaba poco para que empezara a llover fuego del cielo. En realidad era un zorro muy asustadizo y nervioso.

—Está bien— le dijo el cuy, tapándolo con tierra y piedras—. Yo te voy a enterrar para que te salves, pero prométeme que nunca más olvidarás mi amistad y mi sacrificio.

—¡Lo prometo, lo prometo!— agradecía el zorro, apenas con el hocico afuera.

Y así fue como el astuto cuy se libró para siempre del zorro.

¿QUÉ TE PARECE?

1. ¿Por qué crees que don Emicho se rió al escuchar lo que le pasó al zorro?

2. ¿Qué tenían en común el cuy y la esposa de Tadeo?

3. ¿Por qué el zorro siempre caía en la trampa del cuy?

ESCRIBE EN TU DIARIO

Usa como modelo los relatos *Antonio y el ladrón*, *El gigantón cabelludo* y *El zorro y el cuy* para escribir un cuento breve.

Los ratones

Juntáronse los ratones
para librarse del gato;
y después de un largo rato
de disputas y opiniones,
dijeron que acertarían
en ponerle un cascabel,
que, andando el gato con él,
librarse mejor podrían.

Salió un ratón barbicano,
colilargo, hociquirromo,
y, encrespando el grueso lomo,
dijo al senado romano,
después de hablar culto un rato:

—¿Quién de vosotros ha de ser
el que se atreva a poner
ese cascabel al gato?

Lope de Vega

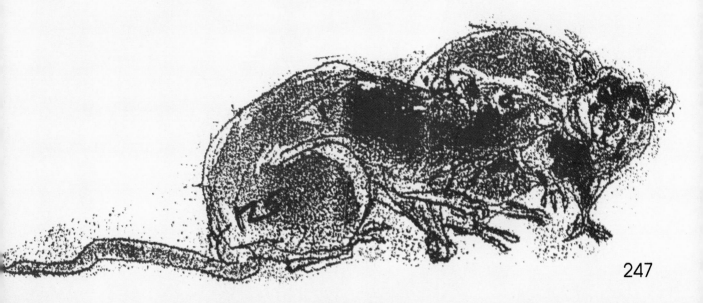

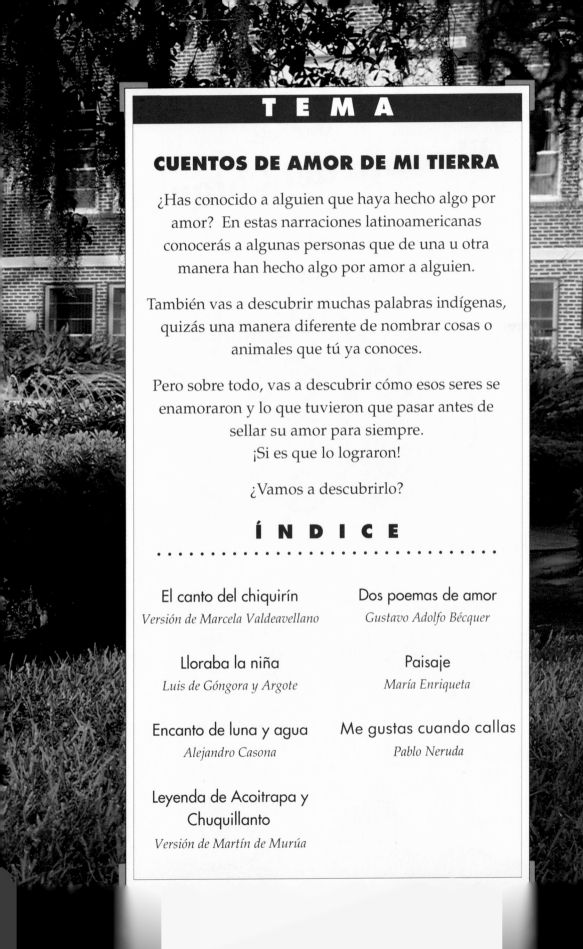

TEMA

CUENTOS DE AMOR DE MI TIERRA

¿Has conocido a alguien que haya hecho algo por amor? En estas narraciones latinoamericanas conocerás a algunas personas que de una u otra manera han hecho algo por amor a alguien.

También vas a descubrir muchas palabras indígenas, quizás una manera diferente de nombrar cosas o animales que tú ya conoces.

Pero sobre todo, vas a descubrir cómo esos seres se enamoraron y lo que tuvieron que pasar antes de sellar su amor para siempre.
¡Si es que lo lograron!

¿Vamos a descubrirlo?

ÍNDICE

· ·

El canto del Chiquirín

Narración recogida de la tradición oral guatemalteca
por la ilustradora,
cuentista y guionista Marcela Valdeavellano.

Éste es un cuento antiguo, ¡tan antiguo como el canto del chiquirín! y al chiquirín lo venimos oyendo cantar desde que el mundo es mundo. Es una historia de amor tan triste, que por eso el chiquirín canta quedito primero, después más fuerte, hasta que revienta.

¡Este chiquirín tan enamorado! Por eso lo oímos en las noches de luna con su cantito necio, dale que te dale, cantando a la par de las ranas del campo.

¡Pero no les he contado cómo se enamoró el chiquirín! Este animalito es un insecto bohemio y desde que nació se dedicó a salir por las noches para cantarle a la Luna, paradito en una rama del árbol de matilisguate. Levantaba sus antenas hacia el cielo y comenzaba a cantar una canción olorosa a estrellas y a «huele de noche».

Los grillos decían: —¡Qué bien canta ese fregado! Si nos descuidamos nos quita las novias.

—¿No estará enamorado? —le pregunta una tortolita roja a su amiga, la tortolita anaranjada.

—¡A saber, pero qué chulo canta!

—¡Es que anda buscando novia!— gritó la Luna desde allá arriba, sonriendo.

—Sí, Luna, pero por más que canto, no aparece ninguna patoja bonita que quiera casarse conmigo— respondió el chiquirín del matilisguate.

—¡Yyy! ¡Pero si enamoradas tienes a montones!— le contestó la Luna guiñándole un ojo—. Lo que pasa es que no son como tú.

—¿No son como yo? ¡Claro que sí! ¡Todas son insectos de seis patas! Y yo tengo seis...— le dijo el chiquirín, contanto sus patas, por si se equivocaba.

—Las patas no cuentan. Cuenta el corazón. El corazón de tu novia cantará al ritmo del tuyo. Y ahora me encaramo hasta lo alto, porque ya va a ser medianoche. Y diciendo esto, la Luna de un brinco rebotó en las alturas del cielo.

El chiquirín se quedó pensando. —¿Mi novia deberá tener un corazón cantante como el mío? ¡Las cosas que se le ocurren a la Luna!

Toda la noche se la pasó haciendo una lista de las insectos que conocía. — ¿La avispa? no, ésa no, porque en lugar de cantar, zumba. ¿La casampulga? no; esa araña ni siquiera canta. ¿La garrapata? ¡Menos! Ésa se prendería y ni me dejaría cantar...

El Sol salió con sus cachetes de gringo y se encontró al chiquirín bien cuajado a la par de su lista de posibles novias.

—¡Sh! ¡No hagan ruido!— les recomendó a los pájaros, frunciendo su boca colorada. —¡Dice la Luna que el chiquirín no pegó un ojo anoche y si lo despertamos ahora, no va a cantar con ganas cuando oscurezca!

Todo el bosque guardó silencio para velar el sueño del chiquirín. Todos excepto una insecto pequeñito que llegó del otro lado del río.

—«¡Chiquirín, chiquirín, chiquirín!» —cantaba a voz en cuello.

—¡Cállate, fuerana, que nuestro cantante está desvelado y vas a despertarlo!— gritaron todos los animales, muy enojados por la bulla que la extraña venía haciendo.

—«¡Chiquirín, chiquirín, chiquirín!»— insistió la insecto, batiendo sus alas rápidamente, hasta posarse en la ramita del matilisguate donde dormía el chiquirín. Éste, con el escándalo, despertó al instante.

—«¿Chiquirín?» —le preguntó el chiquirín desperezándose. —¿Qué quiere decir «chiquirín»?

—¡«Chiquirín» eres tú y soy yo!— le respondió la pequeña extraña, mientras emanaba un perfume desconocido para el chiquirín, que lo hizo temblar de pies a cabeza. —¿No cantas tú como yo: «¡chiquirín, chiquirín, chiquirín?»— le dijo la desconocida.

—¡No! Yo cantaba canciones a la Luna, pero de ahora en adelante, cantaré como tú ¡porque tu canto es pura fiesta!—

contestó el chiquirín. Entonces ella le propuso:

—¡Volemos hasta el zacate que crece a la orilla del río!

—El chiquirín alzó el vuelo detrás de ella y se posaron en un tallito de «pata de pollo».

—¿Tú no sabías que eres un chiquirín como yo?— le preguntó muy cusca la insecto.

—¡No lo sabía! ¡Pero ahora siento que mi corazón late al compás de tu canción! ¿Por qué no cantamos?

Y ambos se tomaron de las patas y mirándose a los ojos entonaron a dos voces la canción que todos conocemos: — «¡chiquirín, chiquirín, chiquirín!»

Como podrán imaginar, los chiquirines no tenían ojos ni oídos para nadie más. Abrazados cantaron todo el día y hasta se olvidaron de almorzar. Al atardecer, el chiquirín dijo a su amiga: —¡Estamos enamorados! ¿Qué te parece si nos casamos hoy por la noche? Así vivirás de este lado del río junto a mí y cantaremos todos los días.

—¡Sí, chiquirín! ¡Me quiero casar contigo! Voy a cruzar el río volando muy rápido, para contarles a mis amigos que vamos a casarnos. ¡Regresaré antes de que la Luna esté alta!— respondió la chiquirina emocionada. Y sellaron el compromiso con un fuerte frote de antenas.

A todo esto, los insectos del bosque estaban como la gran diabla.

—¡Esta insecto del otro lado del río vino a enseñarle a nuestro cantante esa tontería de tonada que dice: «¡chiquirín, chiquirín!» A mí no me gusta. ¿Qué podemos hacer?— exclamó una lombriz de tierra, sacando la cabeza por un agujero.

—¡Propongo que evitemos ese casamiento!— dijo una mariposa nocturna.

—¡Estoy de acuerdo! ¿Pero cómo?— preguntó un zancudo.

—¡Eso es fácil!— respondió una araña de patas largas—. Yo puedo tejer una tela pegajosa en la rama del nisperal que se asoma a la otra orilla del río. Como ese paso es obligado para volar para este lado, la chiquirina tendrá que pasar por allí ¡y caerá presa en mi red antes de que pueda decir «esta boca es mía»! Así, nuestro cantante no sabrá por qué no volvió para casarse con él, pues sólo la dejaremos libre mucho tiempo después. ¿Qué les parece?

—¡Muy buena idea, estamos de acuerdo! —corearon todos los insectos del bosque.

—¡Muy bien! —dijo la araña—. Entonces pondré manos a la obra.

Y se dirigió al nisperal a grandes zancadas.

Mientras tanto, el chiquirín cantaba muy contento revoloteando alrededor del matilisguate: —«¡chiquirín, chiquirín, chiquirín!»

—¡Ya está cantando esa tontería!— se quejó en voz baja un zancudo.

—¡Pero no será mucho tiempo! La araña ya tiene la tela lista en la rama del nisperal.

Y era cierto. La chiquirina, ignorando la trampa que le habían tendido los insectos del bosque, volaba con rapidez hacia el río. Antes de cantar su primer «chiquirín», chocó de frente con la tela de araña. ¡No pudo moverse más! Los hilos pegajosos la envolvieron completamente. ¡Más parecía un capullo de mariposa que una chiquirina pequeñita atrapada en una terrible tela de araña!

Las horas pasaban lentamente para el novio que cantaba: — «¡chiquirín, chiquirín»! ¿Por qué no vienes?— y sólo recibía el croar de las ranas del río como respuesta. Su angustia fue creciendo cuando notó que la Luna estaba ya muy alta y su novia aún no llegaba. Entonces gritaba con desesperación — «¡chiquiríííín, chiquiríííín, ven por favor!»

—¡Ay, esperancita!— dijo el gusano de calentura a una esperanza muy verde.

—¿No nos equivocaríamos? En lugar de cantar las bellas canciones de antes, está gritando tanto que parece que va a reventar.

—¡Qué va! Ya vas a ver cómo después de tanta alharaca vuelve a cantar como nos gusta— respondió la esperanza despreocupada.

Pero el chiquirín no podía más de tristreza y comenzó a hinchar muchísmo la panza para gritar con fuerza: «¡chiquiríííín!, ¡chiquiríííín!» —pensando que tal vez ella lo oyera del otro lado del río—. «¡CHIQUIRÍÍÍÍN, CHIQUIRÍÍÍÍ ...¡POC!»

—¿POC? ¿Qué fue ese POC? —preguntó un zompopo o ronrón.

—No sé, —dijo el segundo— ¡Vamos a averiguar!

Cuando llegaron a la rama del matilisguate donde vivía el chiquirín, vieron con espanto que él había reventado como cuando se revienta un globo de colores.

Desde entonces, cuenta la leyenda, los chiriquines cantan por amor hasta que revientan. Los insectos del bosque lo saben y ya no tratan de forzarlos a cantar canciones a la Luna. Ahora escuchan con respeto el viejo canto: —«¡chiquirín, chiquirín, chiquirín!»

¿QUÉ TE PARECE?

1. ¿Por qué «cantan» los insectos?

2. ¿Cuándo cantan más los chiquirines?

3. ¿Por qué los otros insectos le pusieron una trampa a la chiquirina?

ESCRIBE EN TU DIARIO

Escribe una lista de los insectos del cuento con nombres indígenas. ¿Por qué nombre los conoces tú?

Lloraba la niña

Lloraba la niña
(y tenía razón)
la prolija ausencia
de su ingrato amor.
Dejóla tan niña,
que apenas creo yo
que tenía los años
que ha la dejó.
Llorando la ausencia
del galán traidor,
la halla la Luna
y la deja el Sol,
añadiendo siempre
pasión a pasión,
memoria a memoria,
dolor a dolor

Llorad, corazón,
que tenéis razón.

Dícele su madre:
"Hija, por mi amor,
que se acabe el llanto,
o me acabe yo."

Luis de Góngora y Argote

Encanto
de luna y agua

La luna pesca en el charco
con sus anzuelos de plata.
El sapo canta en la yerba,
la rana sueña en el agua.
Y el cuco afila la voz
y el pico contra las ramas.

Con su gesto de esmeralda,
la rana, soltera y sola,
desnuda al borde del agua.
La luna, quieta y redonda.
—Cuco, cuclillo,
rabiquín de escoba,
¿cuántos años faltan
para la mi boda?

Habló el cuco desde el árbol;
—Rana pelona,
chata y fondona,
si quieres maridar,
rana pelona,
habrás de saber cantar...
Cantar y bailar... y llevar a la luna
del agua a tu ajuar.

Estaba la rana
con la boca abierta;
le cayó la luna
como una moneda.
Chapuzón, y al charco...
¡Hoy cantó la rana
un cantar tan blanco.

La rana parió un lucero...
¡Mi Dios, cómo la besaba!
Todas las mañanas viene
a verlo a la luz del alba.
—¿Cuánto me das, lucerito,
por que te saque del agua?
—Yo no quiero que me saques,
ni ser estrella de plata,
que yo tengo sangre verde
de yerbas y de espadañas.

¡Ay mi casita de juncos,
ay mi casita del agua,
ay con macetas de luna,
ay con barandales de algas!...
La rana tiende pañales
y el sapo toca la flauta.

Fragmento

Alejandro Casona

265

Perú

Leyenda de Acoitrapa y Chuquillanto

Leyenda inca recogida por el cronista
Martín de Murúa.
Ilustraciones de Gredna Landolt Pardo.

Todos los sonidos pueden ser escuchados en la cordillera que está encima del valle de Yucay en el Cusco. El viento sopla con su bocaza; la mañana, obligada siempre a levantarse antes que los demás, bosteza muerta de sueño; los pájaros, sus eternos enamorados, despiertan cantando al oírla desperezarse. De pronto, silencio: Ha llegado Acoitrapa, el pastor de llamas. Es joven y hermoso. Toca la quena tan dulcemente, que hasta las flores más tímidas se abren para asomar entre las ramas de los árboles y escucharlo.

Un día, las dos hijas del Sol pasaron cerca de su rebaño. Embelesadas por la música, se acercaron para averiguar quién tocaba aquel instrumento. El pastor se deslumbró al verlas. Los tres conversaron y rieron despreocupados del paso del tiempo. Cuando se ocultó el sol, las jóvenes, apenadas, tuvieron que despedirse: Su padre, el Sol, les daba permiso para pasear por el valle, pero ¡ay de ellas si no llegaban a casa antes del anochecer! Chuquillanto, la mayor, se sintió más triste que su hermana; sin saber cómo, se había enamorado de Acoitrapa.

Llegando al palacio, Chuquillanto no quiso comer. Corrió a su habitación para estar a solas. Se echó, cerró los ojos, y recordaba a su dulce pastor cuando se quedó dormida. En sueños, vio un hermoso ruiseñor que cantaba suave y armoniosamente y ella le habló de su amor al pastor y del miedo que tenía de que su padre pensara que un cuidador de llamas fuera poca cosa para una hija del Sol. El ruiseñor, conmovido por la pena de la joven, le recordó que en el palacio había cuatro fuentes de agua cristalina: si se sentaba en medio de ellas y cantaba lo que sentía en su corazón y las fuentes le respondían con la misma melodía, significaba que podría hacer su voluntad y que sus deseos serían cumplidos.

Chuquillanto se despertó. Se acordaba perfectamente del sueño. Rápidamente se vistió y fue a los jardines del palacio. Allí estaban las fuentes, dando de beber a la mañana. Chuquillanto, siguiendo las instrucciones del pajarito, se sentó y comenzó a cantar una triste melodía. Las fuentes entendieron su pena y lo manifestaron cantando al unísono, consintiendo en ayudarla. Llamaron a la lluvia y le ordenaron que le transmitiera al pastor el cariño que Chuquillanto sentía por él.

La lluvia salió a raudales del palacio hacia la choza de Acoitrapa. Al encontrarlo, le bañó el corazón con la imagen de la joven. El pastor, con el pecho

atravesado por el recuerdo de la ñusta, se puso a tocar su quena con tanta tristeza que hasta las frías piedras se conmovieron. Desalentado, comprendió que el Sol nunca permitiría que su hija se casara con un pobre cuidador de llamas. ¡Qué cansada su alma de extrañar a Chuquillanto! Así, se quedó dormido con la quena apretada entre los dedos.

Al anochecer, llegó su madre. Viendo las pestañas de su hijo húmedas del llanto, presintió lo que sucedía. Como buena viejecita, sabía que un hombre que duerme y llora al mismo tiempo lo hace porque está lejos de la que ama. La anciana no soportaba ver sufrir a su hijo. Pensando en la manera de aliviarlo, le vino a la memoria un antiguo bastón mágico que había heredado de sus antepasados y que serviría para este propósito. Entonces ideó una estratagema, le ordenó a su hijo que se alejara hacia la montaña y se ocupara de su rebaño.

Mientras, Chuquillanto se había despertado con los primeros rayos del sol. Ahora tenía el corazón optimista, los pies ligeros, y un solo deseo: encontrar a su amado. Jugando a las carreras con el viento, llegó a la choza de Acoitrapa. Al ver que él no estaba, se le llenaron los ojos de lágrimas. Trató de disimular su tristeza y se dirigió a la viejecita, que la miraba atentamente:

—Buena anciana: ¡Todo en ti es hermoso! Jamás

271

he visto un bastón parecido al que llevas. Sus piedras preciosas nada tienen que envidiar a los campos de flores; brillan como la luna llena.

—Hija mía —le contestó la anciana—: Tus ojos saben apreciar las cosas lindas. Te regalo el bastón. Sé que lo dejo en buenas manos.

Chuquillanto le agradeció, y acariciándole las nevadas trenzas recibió el bastón.

—Gracias, anciana señora.

—Adiós, Chuquillanto —se despidió la viejecita—. Que el amor te acompañe.

Chuquillanto hizo el camino de regreso al palacio. Cuando cruzó la puerta, los guardias, notando la tristeza en sus ojos, se preguntaron en voz baja: «¿Qué le sucede a la princesa, que a pesar de sus riquezas, tiene tanta melancolía?»

Cuando al fin estuvo sola en su cuarto, puso el bastón a un lado, se desmoronó sobre su cama, y rompió en un llanto desconsolado pensando en su pastor. De pronto ¡qué susto! ¡qué sorpresa!: alguien estaba llamándola por su nombre. Encendió la lumbre, cuidadosa de no hacer el menor ruido, y vio que el bastón cambiaba de colores: del rosa al plateado, del verde al rojo, naranja, azul y mil colores distintos. La voz que la llamaba provenía del bastón, no le cabía duda. «No te asustes», le dijo. «Soy el bastón mágico del amor. Mi misión es unir y proteger a los que se aman y sufren por estar

separados». Chuquillanto ya no tenía miedo. Por el contrario, ahora se sentía maravillada. El bastón mágico se abrió como una flor, en el centro de la cual se le apareció Acoitrapa. Ella se acercó y se abrazaron, se besaron.

Al rayar el alba, temerosos del castigo del Sol, los enamorados escaparon de su palacio. Pero un guardia, que los vio salir, avisó inmediatamente al padre de Chuquillanto. Furioso, el Sol se colocó a la cabeza de un gran ejército y partió tras los jóvenes. Éstos, desde lejos, escucharon su encolerizada voz apurando a los soldados. Después de distanciarse del Sol y sus tropas, agotados por la larga carrera, se detuvieron a descansar: Sentados bajo el follaje de un altísimo eucalipto, se miraron; y había amor en sus ojos. Sabiéndose perdidos, porque tarde o temprano el Sol los atraparía, le pidieron un último deseo al bastón mágico:

—Conviértenos en piedra. Así, nada ni nadie podrá separarnos.

El bastón, cuya misión era unir a los que se aman, realizó el definitivo deseo de la pareja.

Y aún hoy, cerca del pueblo de Calca, se erigen dos estatuas de piedra, que los lugareños llaman Pitu Sirai: son Chuquillanto y Acoitrapa, amándose para siempre.

¿QUÉ TE PARECE?

1. ¿Por qué Chuquillanto y Acoitrapa no podían estar juntos?

2. ¿Qué función tenía el bastón mágico?

3. Chuquillanto y Acoitrapa se convirtieron en piedra para estar juntos siempre. ¿Qué otra solución hubieras sugerido a la pareja?

ESCRIBE EN TU DIARIO

Escribe un final nuevo al cuento. Empieza con: Chuquillanto y Acoitrapa le pidieron un último deseo al bastón mágico . . .

Dos poemas de amor
de Gustavo Adolfo Bécquer

Por una mirada un mundo

Por una mirada un mundo;
por una sonrisa, un cielo;
por un beso . . .¡yo no sé
qué te diera por un beso!

Gustavo Adolfo Bécquer

276

¿Qué es poesía?

¿Qué es poesía?—dices mientras clavas
en mi pupila tu pupila azul.
¿Qué es poesía? ¿Y tú me lo preguntas?
Poesía . . . eres tú.

Gustavo Adolfo Bécquer

277

Paisaje

Por la polvosa calzada
va la carreta pesada
gimiendo con gran dolor.
Es tarde fría de enero,
y los bueyes van temblando. . .
Mas de amor
van hablando
la boyera y el boyero.

Yo voy sola por la orilla
donde la hoja difunta
que el viento en montones junta
pone una nota amarilla ...
Mientras tanto, en el sendero,
bien unidos van la yunta,
la boyera y el boyero.

Acompañante no pido,
que alma huraña siempre he sido.

En mi desdicha secreta,
en mi dolor escondido,
bien me acompaña el gemido
de la cansada carreta.

María Enriqueta

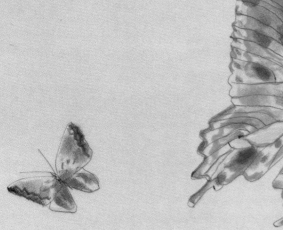

Me gustas cuando callas

Me gustas cuando callas, porque estás como
ausente,
y me oyes desde lejos, y mi voz no te toca.
Parece que los ojos se te hubieran volado
y parece que un beso te cierra la boca.

Como todas las cosas están hechas de mi alma,
emerges de las cosas, llena del alma mía.
Mariposa de ensueño, te pareces a mi alma
y te pareces a la palabra melancolía.

Me gustas cuando callas y estás como distante
y estás como quejándote, mariposa en arrullo,
y me oyes desde lejos, y mi voz no te alcanza:
déjame que calle en el silencio tuyo.

Déjame que te hable también con tu silencio
claro como una lámpara, simple como un anillo.
Eres como la noche, callada y constelada.
Tu silencio es de estrella, tan lejano y sencillo.

Me gustas cuando callas, porque estás como
ausente.
Distante y dolorosa como si hubieras muerto.
Una palabra entonces, una sonrisa basta.
Y estoy alegre, alegre de que no sea cierto.

Pablo Neruda

TEMA

LEYENDAS Y GENTE DE MI TIERRA

¿Qué es un atardecer?
¿Alguna vez tuviste un encuentro extraordinario?
En estos libros vas a encontrarte con un atardecer muy
especial que tiene puestos todos los colores
que vemos durante el día.

También encontrarás civilizaciones, ésas mismas que
encontraron los españoles cuando llegaron al
Nuevo Mundo. ¿Por qué fueron importantes?

Descubrirás que muchas de las costumbres que esa
gente tenía, aún hoy las tenemos,
y muchas palabras de la lengua que
ellos hablaban te serán familiares.

¿Qué evidencias quedaron de esas culturas?
¿Vamos a descubrirlo?

ÍNDICE

De sólo esta luz

Como un inmenso pétalo de magnolia
se despliega la luz de la mañana

no hay casas, no hay pájaros,
no hay bosques

el mundo
ha quedado vacío;
hay solamente luz

Isabel Freire

Cuento de junio

Cuento de Susana Mendoza

Ilustraciones de Felipe Dávalos

Fue esa uñita de sol la que repartió los colores
—pensó Licha, al ver que las siluetas recortadas contra el
cielo, con la tenue luz de la madrugada, se convertían
poco a poco en árboles, tejados, tecorrales, y se aclaraba
el camino por el que iban ella y sus dos hermanitas con
su mamá rumbo al monte, a recoger hongos.

La madre, que caminaba más aprisa, las apuraba:
—Caminen rápido, niñas, no sea que nos agarre
la tarde y se desate el agua.

Y era cierto.
Por las tardes las nubes rompían sus ataduras
y empezaba a llover, llover y llover. Con tanta humedad
brotaban los hongos por todas partes. Así, el trabajo sólo
era ir al monte a recogerlos y después hacer quesadillas
para la comida.

—¡Qué ricas! ¡Mmmm! —Y Chagua, la más pequeña
de las tres hermanitas, se relamía sólo de pensar en ellas.

Camine y camine atravesaron las lomas donde crecía el
maíz; después empezaron a subir por la falda del monte
y cuando llegaron a la orilla del bosque se detuvieron.

288

—Aquí vamos a dejar la canasta —les dijo la madre, poniéndola cerca del tronco de un encino—, y ya saben, cada una se va por su lado y rapidito. Se apuran para que podamos comer temprano.

La niñas se separaron y cada una empezó la búsqueda por rumbos diferentes. Chagua todavía alcanzó a oír que su mamá le gritaba:

—¡No te vayas a perder!

—¡Cómo que me voy a perder! Si desde chiquita conozco el monte—murmuró indignada, mientras se alejaba recogiendo los hongos que crecían junto a las piedras, al pie de los árboles y sobre los viejos troncos derribados, cubiertos de líquenes y musgo.

Los pinos, los encinos y los eucaliptos llenaban el aire con olores de alcanfor y de resinas aromáticas. Las ramas bañadas de rocío refrescaban la mañana.

Para Chagua era un gusto caminar por el bosque mientras cantaba una canción que le enseñó el abuelo. Seguramente hubiera pasado horas y horas haciendo viajes hasta la canasta para vaciar su delantal repleto de hongos, si un vivo destello no la hubiera deslumbrado por un momento. Era como si alguien jugara con un espejo, ahora que empezaba a levantarse el sol.

Chagua empezó a buscar de dónde provenía el reflejo
y descubrió cientos de luces que, como esa que la
deslumbró, se movían en el bosque. —¿Y eso qué es? —se
preguntaba—, ¿de dónde vendrán? ¿Será de la cumbre
del cerro? No. No es de ahí. ¿Llegará del pueblo
adormilado del valle? No. Imposible. Vienen...¡Sí!
¡Viene de la cañada!—. Y aunque Chagua tenía
prohibido ir sola por ahí, abandonó su cosecha de
hongos y se dirigió sin más hacia allá.

Cuando llegó, se tendió cerca de la orilla y asomó la
cabeza.

Las paredes del barranco, que era muy profundo,
estaban mucho más iluminadas que el bosque. Miles
de reflejos danzaban en ellas, pero no distinguía de dónde
salían. Estaba segura de que en el fondo azuloso y oscuro
algo producía esas luces, así que Chagua se esforzó en
mirar bien y de pronto alcanzó a distinguir un animal
muy grande que relucía como el oro.

—Es como un gato —pensó—. Más bien un gatote...

Y fijándose más, no pudo evitar que se le escapara un
grito:

—¡Es un tigre!

Se levantó de un brinco y se echó a correr para avisar a
su mamá y a sus hermanas del peligro.

El tigre, al oír el grito, levantó la enorme cabeza y se quedó viendo el lugar donde había estado la niña.

Ella corrió tan rápido que llegó jadeante y sudorosa hasta el encino, donde sus hermanas vaciaban tranquilamente sus delantales en la canasta.

—¿Y mi mamá? —gritó.

—Se acaba de ir —le dijeron.

—¡Corran! ¡Tenemos que salvarla! ¡En la cañada hay un tigre!

Pero sus hermanas no le creyeron y se echaron a reír.

—Pero si por aquí no hay tigres —le decía Licha, la mayor.

—Lo que pasa es que te quedaste dormida y soñaste pesadillas —la regañó Chela. Y más y más se reían de ella. Chagua ya no sabía qué hacer para que le creyeran. Mientras más detalles les daba de cómo era el tigre, menos le creían.

—Así que más grande que un caballo —se burlaba Licha.

—Y amarillo como el oro —la remedaba Chela.

—¡Sí! ¡De veras! Créanme, por favor...—suplicaba Chagua.

Y tanto les dijo, que al fin Licha comenzó a dudar:

—¿De veras que sí lo viste? ¿Lo juras?

—Te lo juro por Santa Cachucha —dijo Chagua muy seria.

—¡Ah! Entonces no es cierto.

—¡No, no, por Santa Cachucha no! ¡Pero si quieren vamos a verlo!

Y aunque todavía dudaban, las dos hermanitas siguieron a Chagua hasta el barranco. Al llegar se asomaron y no vieron nada. No había tal tigre. Ya empezaban a reclamarle y a decirle «¡mentirosa, mentirosa!», cuando un ruido las hizo voltear.

El animal había salido de la cañada y subía sin prisa hacia ellas. Husmeaba en el aire los olores que salían de las cocinas del pueblo. Estiraba con pereza su enorme cuerpo y, al bostezar, su hálito caliente evaporaba la humedad de las piedras.

Las niñas se habían quedado paralizadas por el miedo, pero no le quitaban la vista de encima.

Al fin, muy quedito, Chagua preguntó:

—Lichita... ¿Los tigres comen gente?

—Pues... yo creo que sí... si tienen hambre.

Y por el miedo la voz le salía como un tembloroso chorrito de agua.

El animal seguía caminando hacia donde estaban las niñas, así que ellas, tratando de no llamarle la atención, se alejaron de él y se escondieron entre las flores amarillas del pericón.

En ese momento el tigre se detuvo y pudieron verlo mejor:

—¡Está bien bonito! —dijo Chela, maravillada.

—No parece bravo... —murmuró Chagua con ternura, como si viera a un gatito.

—No se parece al de mi libro —comentó Licha, mirándolo con curiosidad.

Y era cierto.

El tigre estaba cubierto por miles de escamas doradas que brillaban como si debajo de ellas naciera una fuente de luz, que despedían los reflejos que habían deslumbrado a Chagua. Movía la cola, que parecía de cobre martillado y, al estirar las patas, sacaba o escondía unas garras filosas y onduladas como dagas persas. Los ojos semejaban dos brasas prendidas.

Pero lo más curioso era que su color había ido cambiando conforme avanzó la mañana: primero fue rojizo, después amarillo como el oro y en ese momento era como de metal calentado al rojo blanco.

Sin embargo, a pesar de su imponente figura, era más bien manso y, además parecía ignorar a las niñas, que habían sacado la cabeza de entre las flores para verlo.

Se había echado en el pastito, se lamía las patas y luego se tallaba la cabeza como los gatos. Después cerró los ojos y sacudía una oreja o la otra si alguna mosca se le acercaba, para caer el punto con las alas ardiendo.

Un rato después abrió los ojos y rugió mansamente. El aire que salió de su hocico hizo que abrieran al mismo tiempo las flores de los alrededores. La doradilla, que se extendía verde y húmeda entre las grietas de las piedras, encogió sus hojas, que se pusieron cafés como el estío.

Cuando empezó a caminar otra vez, los girasoles torcían sus tallos para verlo y ofrecían sus corolas a la luz y al calor.

Las niñas, como los girasoles, también se levantaron para verlo pasar. Chagua hasta estiró la mano para tocarlo y le preguntó con cierta impertinencia:

—¿Eres un tigre de a de veras?

El animal erizó sus escamas, que reverberaron, movió ofendido la cola y abrió las fauces para contestar:

—¡Claro que soy tigre!

Las niñas sintieron una fuerte oleada de calor que las envolvía, y mientras se abanicaban con su delantal, se preguntaban una a la otra:

—¿Qué dijo?

—No sé. No se le entiende nada.

Pero Chagua, que presumía de conocer al tigre más que sus hermanas porque lo había visto primero, les dijo:

—Pues yo sí entendí. Dijo que sí es un tigre. ¡Tontas!

—¿Ah, sí? Pues a ver, pregúntale si anda perdido, porque nunca habíamos visto por aquí un animal como él —dijo Licha enojada.

Y el tigre, que había entendido perfectamente lo que dijeron las niñas, se puso furioso, no sólo porque dudaran de que fuera un tigre real, sino porque creyeron que andaba perdido.

—¡Perderme yo! —rugió amenazador hacia el cielo, y el calor de su hocico evaporó las nubes—. ¡Qué niñas tan ignorantes, perderme yo! —Volvió a rugir, colérico hacia el pueblo.

En ese momento todos los gallos, los abados, los negros y los colorados, se subieron a los techos y a las bardas y se pusieron a cantar, contestándoles unos a otros. Las gallinas se metieron a sus nidos a poner huevos y los viejitos salieron a las huertas a observar el cielo.

303

—Va a cambiar el tiempo —dijeron—, los gallos están cantando antes del mediodía.

Y el tigre, malherido en su amor propio, echó a las niñas una ardiente mirada y se alejó resentido, tratando de dominar su cólera. Unas manchas rojas y oscuras aparecían por su cuerpo, lenguas de fuego salían de su lomo y nubes de un gas amarillento brotaban de su nariz y sus orejas.

Las niñas se dieron cuenta de que lo habían hecho enojar, pero no entendían claramente por qué. Lo siguieron, pensando que la cosa no era para tanto; después de todo el tigre era un exagerado y un berrinchudo.

—Nadie se enoja nada más porque le pregunten si es un tigre —lo censuraba Licha en voz baja.

—O porque le pregunten si anda perdido —lo criticó Chela.

—¡Cállense! ¡Las va a oír! —murmuraba Chagua, preocupada.

Y mientras lo seguían de cerca, le hablaban, tratando de hacerlo reír para borrarle el coraje; pero el tigre no les dijo nada y, además, no se detuvo: caminó y caminó.

Las niñas lo siguieron, y así, en la hilerita, atravesaron valles y lomeríos hasta que llegaron ante un altísimo risco que les cortó el camino.

Sin detenerse ante el formidable escollo, el tigre, con un salto lento alcanzó la orilla, que se perdía entre las nubes.

Las niñas no pudieron seguirlo y cuando quisieron verlo, un fuerte resplandor las obligó a cerrar los ojos.

Oyeron un rugido en lo alto y la viva luz empezó a alejarse de la orilla. Una sombra larga fue ganando el monte y las nubes empezaron a apelotarse, oscuras y trotantes. Las niñas gritaron:

—¡Adiós, tigre! —y se apresuraron a volver.

Encontraron a su mamá junto al encino. Ella sola había llenado la canasta y sonreía incrédula cuando las niñas le empezaron a contar lo que les había pasado.

Cuando llegaron a la casa encontraron al abuelo sentado junto al fogón apagado.

Ya tenía hambre —les dijo—. Ni lumbre hay.

Pero las niñas empezaron a contarle, con lujo de detalles, todo lo que sucedió, mientras la mamá hacía las quesadillas.

El abuelo las oyó con atención y se quedó pensativo un buen rato. Después les dijo:

—¿Saben? Yo creo que ese tigre era el sol—. Y entonces fueron las niñas las que se quedaron pensando.

Licha lo dudaba. Recordó que en las páginas de su libro había una preciosa lámina de colores del sistema solar. A lo mejor, pensó, como estamos en junio y ahora es el día más largo del año, el sol se perdió y...¿pero, por qué tenía que llegar a la cañada en forma de tigre? No. No puede ser. No le creo al abuelo.

Chela recordaba la antigua leyenda del sol que les contó el abuelo. Luego pensó en la danza de los tecuanes que se bailaba en el pueblo; en ella un joven vestido de tigre danzaba y cuando lo mataban, de mentiritas, los niños, vestidos de negro y con mascaritas de cuervo bailaban a su alrededor, porque representaban a las estrellas, que se comen al sol cuando muere y se quedan dueñas de la noche. Sí. El abuelo tenía razón.

Pero Chagua protestaba:

—¿El sol? ¡No, abuelo! ¡Era un tigre! ¡Y era mi amigo!

Y un poco a escondidas miraba una escama dorada que había arrancado al tigre cuando lo tocó. Era muy parecida a una moneda de cobre nuevecita.

Entonces se consolaba diciendo en voz baja:

—En caso de que fuera el sol y no un tigre lo cambiaría por un caramelo de miel.

—¿Por dónde se fue? —preguntó el abuelo.

Las niñas señalaron el poniente. Salieron todos al patio. El sol se ponía. Se oyó un rugido lejano rompiendo el filo del monte y el silbato del tren.

—Es él— dijeron Chagua y Chela.

—Puede —dijo Licha—, pero yo creo que fue el silbato del tren o las nubes que truenan.

La luz del crepúsculo se abrió en abanico a lo largo del horizonte y todo cambió de color: del rojo al violeta y del violeta al azul oscuro.

Un segundo rugido dejó la tarde borrosa, entró la noche copada de nubes y las cosas volvieron a ser como siluetas.

—Ese tigre era el sol. Estoy seguro— dijo el abuelo.

Sí, pensó Licha, convencida, era el sol, porque cuando se fue se llevó los colores.

Y eso también era cierto.

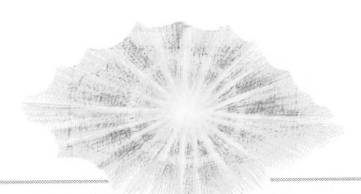

¿QUÉ TE PARECE?

1. ¿Por qué las hermanas de Chagua no le creyeron cuando les dijo que vio un tigre?

2. ¿Por qué el abuelo creía que el tigre era el Sol?

3. ¿Cuáles características tenían en común el Sol y el tigre?

ESCRIBE EN TU DIARIO

Escribe un párrafo descriptivo sobre el amanecer o el atardecer.

Se cayó la Luna

—En el pozo— pozo—
La Luna cayó.

—¿Quién la sacará?
—Pues quien la tiró.

—Que la saque el Viento.
—No, que se marchó
a rizar el mar;
el bosque lo vio.

—Que la saque el Búho.
—No, que se asustó
y salió volando
el viejo gruñón.

—Que la saque entonces,
cuando llegue, el Sol.

El Sol, orgulloso,
no se preocupó
de la pobre Luna
que al pozo cayó.
Y en el agua,
igual que jabón,
se gastó la Luna
cuando él alumbró.

Emma Pérez

311

La atmósfera y la luz

Atmósfera es el nombre que se le da a la masa de aire que rodea la tierra y el mar. Esta capa de aire se extiende por 30 a 50 millas, más alla de las cuales, si bien existe todavía aire, éste es muy tenue.

Una de las primeras exploraciones de la atmósfera fue realizada enviando globos conteniendo gases livianos, como el hidrógeno o el helio. Iban cargados de instrumentos que permiten medir la temperatura, la densidad del aire, la presencia de cargas eléctricas, la velocidad de los vientos, la presencia de vapor de agua, que es el constituyente de las nubes, y otras cosas de interés. Estos globos exploratorios aún se usan para realizar diferentes mediciones. Hoy día también se usan aviones y satélites artificiales.

La atmósfera se divide en tres regiones. Las tres cuartas partes del aire de la atmósfera se concentran en la primera región que se llama «tropósfera». Su altura varía entre las 4 millas cerca de los polos a las 11 millas en el ecuador. Es en esta región en que se encuentran las nubes, los vientos horizontales y verticales y las tormentas eléctricas. A medida que uno asciende en la tropósfera la temperatura cae abruptamente; 18 grados fahrenheit por milla.

La siguiente región se llama «estratósfera» y se extiende hasta aproximadamente las 30 millas. En la estratósfera, la temperatura empieza a aumentar nuevamente, hasta que al llegar a las 30 millas alcanza los 20 grados fahrenheit.

La siguiente región, que se extiende hasta aproximadamente las 300 millas, se llama «ionósfera». En esta región hay dos capas cargadas eléctricamente, aproximadamente a las 70 y las 130 millas, que reflejan las ondas de radio como un espejo. Es por ello que, a pesar de que la tierra es redonda, es posible escuchar estaciones de radio, llamadas de onda corta, hasta desde el otro lado de la tierra.

En las regiones polares se concentra una lluvia de partículas cargadas eléctricamente. Son llevadas allí por el campo magnético de la tierra. Al chocar con las capas eléctricas de la ionósfera, se producen luces de diferentes colores. A este espectáculo, se le llama «aurora boreal».

¿Pero por qué es azul el cielo, si mas allá de la atmósfera, el espacio es negro, como en la noche? Durante el día la luz del sol, entra en forma perpendicular a la atmósfera, pero las moléculas del aire dispersan la luz en sus diferentes colores, como el prisma, dejando ver más el color azul.

En cambio en los atardeceres la luz del sol penetra la atmósfera en forma oblicua, y las diferentes capas de aire, que tienen diferente densidad actúan cada una como un prisma, descomponiendo la luz del sol. Nosotros alcanzamos a ver la parte roja de esa luz. También debido a que la luz atraviesa más aire se produce un efecto óptico que hace ver al sol, y también a veces a la luna, mucho más grande.

Hasta ahora lo entiende mi corazón

Hasta ahora lo entiende mi corazón:
oigo un canto,
veo una flor:
¡Que jamás se marchiten en la tierra!

Dentro de mi corazón se quiebra
la flor del canto:
ya estoy derramando flores:
¡Gozaos!

En tiempo de verde baja el dador de la vida:
se cubre como con hojas, con cantos,
se adorna con flores,
junto a los atabales se enlaza.
De su interior salen
flores embriagadoras.

Con flores de embriagante belleza
se pinta mi corazón:
soy cantor.
Flores se esparcen:
ya las oléis gratamente
¡Gozaos!

Nezahualcóyotl
(Versión de Ángel M. Garibay)

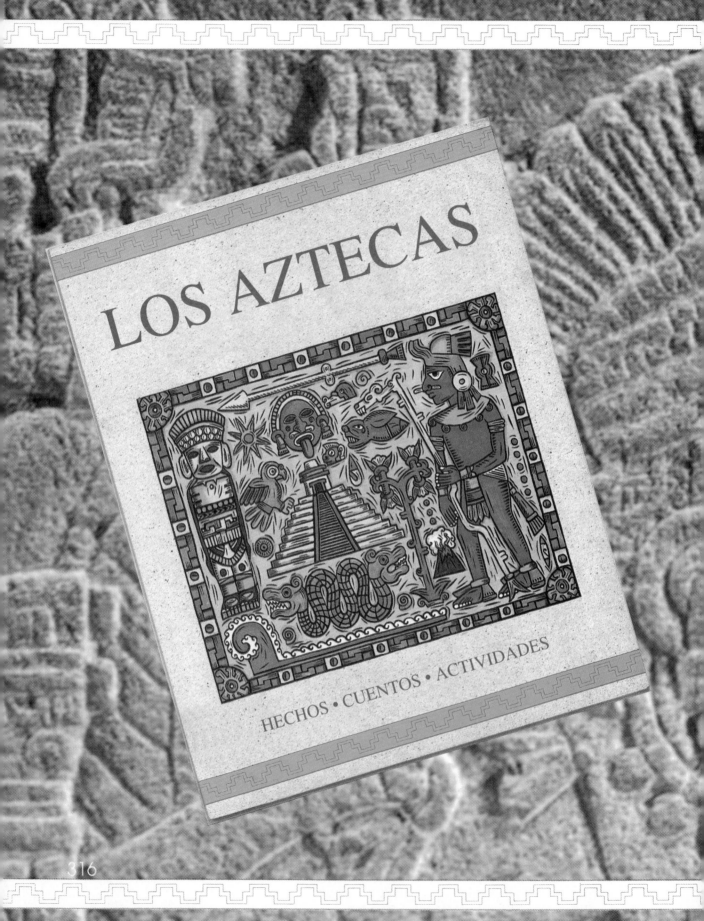

LOS AZTECAS

HECHOS • CUENTOS • ACTIVIDADES

Serpiente de turquesa
de Tlaloc

Máscara de turquesa
de Quetzalcóatl

OCÉANO
ATLÁNTICO

ANAHUAC

Lago Texcoco

Tenochtitlan

Talla en piedra del
Águila de Tenochtitlan

OCÉANO PACÍFICO

318   Templo en Tajín

El mundo azteca

Hace más de quinientos años, un pueblo poderoso llamado los aztecas vivía en la región que ahora llamamos México. Habían derrotado a los otros pueblos que vivían en esa área. Los aztecas construyeron una ciudad muy grande que llamaron Tenochtitlan, tan grande como las ciudades europeas de aquellos tiempos. También llamaron a su tierra Anahuac que quiere decir la *tierra al borde de las aguas*.

Las tierras aztecas

Anahuac estaba dividida en el centro por unas montañas muy altas. Los aztecas construyeron su ciudad, Tenochtitlan, en una **meseta** en lo alto de las montañas. También construyeron allí otros pequeños pueblos.

En las tierras bajas a su alrededor había selvas tropicales muy espesas, calurosas y húmedas. Esta región no era muy agradable para vivir y la tierra no era muy buena para los cultivos, aunque había gente que vivía allí.

El clima en Anahuac era fácil de adivinar porque siempre pasaba lo mismo. Al principio del año había una estación seca buena para los cultivos, seguida de un verano caliente y húmedo desde mayo a octubre. Después había un invierno corto y frío.

▼ La ciudad estaba cruzada por canales. Los aztecas transportaban sus cosas por el agua o sobre sus hombros. No tenían vehículos con ruedas.

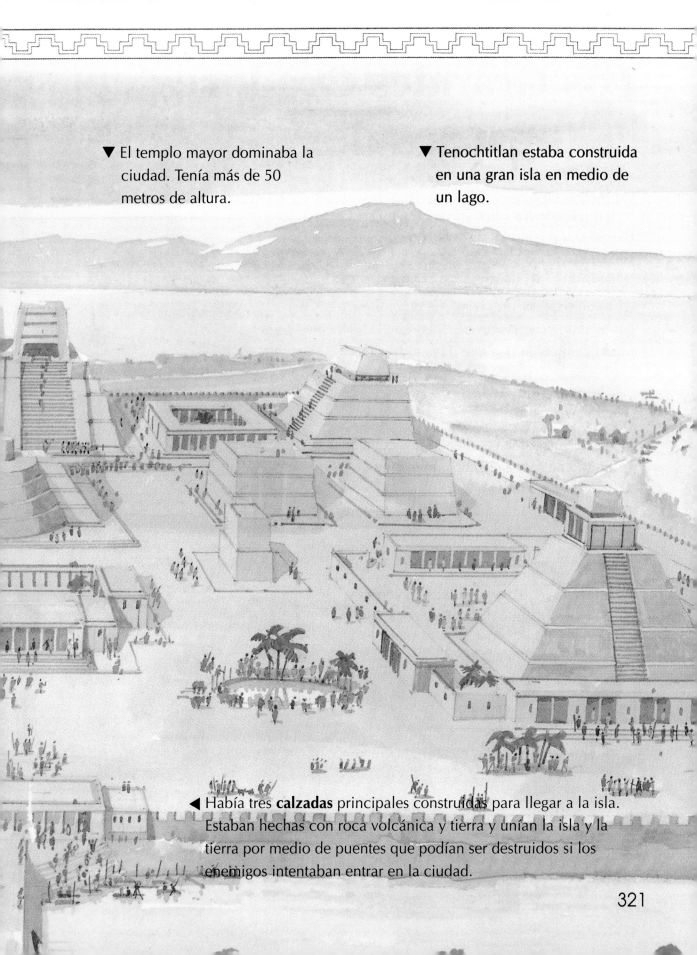

▼ El templo mayor dominaba la ciudad. Tenía más de 50 metros de altura.

▼ Tenochtitlan estaba construida en una gran isla en medio de un lago.

◄ Había tres **calzadas** principales construidas para llegar a la isla. Estaban hechas con roca volcánica y tierra y unían la isla y la tierra por medio de puentes que podían ser destruidos si los enemigos intentaban entrar en la ciudad.

Los Grandes Oradores

Los aztecas estaban divididos en pequeños grupos familiares llamados **calpollis**. Cada uno tenía un jefe que representaba al grupo cuando había que tomar decisiones.

Los jefes de los calpollis de las familias nobles formaban un consejo que elegía un gobernante llamado el Huey Hatoanni, que quiere decir **gran orador**. Éste era un noble que había sido educado para ser un sacerdote, pero que era también un valiente guerrero, porque la lucha era una parte muy importante de la vida azteca.

▶ Moctezuma usaba este enorme y complicado adorno de cabeza hecho con plumas en ceremonias y procesiones.

▼ Esta caja de piedra tallada contenía las cenizas de uno de los Grandes Oradores.

Algunos gobernantes importantes

ITZCÓATL fue el primer gran gobernante de los aztecas. Llegó a Gran Orador en 1426. Extendió el poder de los aztecas lejos de Tenochtitlan. También construyó nuevos templos y calzadas en la ciudad.

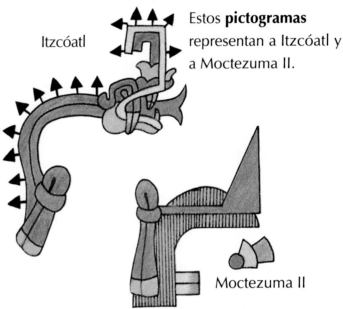

Itzcóatl

Estos **pictogramas** representan a Itzcóatl y a Moctezuma II.

Moctezuma II

MOCTEZUMA II llegó a Gran Orador en 1502 y extendió el imperio mucho más allá que nunca antes. Murió en 1521 cuando los aztecas fueron derrotados por los españoles (*mira la página 334*).

La agricultura

Muchos aztecas, aun los que vivían en las ciudades o a su alrededor, eran agricultores. Cada agricultor llevaba al Gran Orador una pequeña parte de sus cosechas, que se almacenaba hasta que la gente necesitara comida extra en tiempos de hambre.

El maíz era la cosecha más importante, pero los aztecas también cultivaban **calabazas**, aguacates, frijoles, batatas, pimientos y tomates.

Las tierras de cultivo

Las herramientas de labranza (aperos) de los aztecas eran muy simples. No tenían arados y su instrumento principal era un **palo pequeño para cavar**. Los aztecas lo usaban para cavar surcos en los que plantaban las simientes.

La tierra que cultivaban había sido antes bosque o pradera. Los aztecas limpiaban una parcela quemando primero la vegetación. Entonces plantaban sus cosechas en las cenizas que servían de fertilizante. A los pocos años, cuando la tierra perdía su fertilidad, cambiaban de sitio y quemaban otra parcela de tierra.

Alrededor de Tenochtitlan, los aztecas sacaron el limo del fondo del lago y lo amontonaron encima de plantas entretejidas con lo que formaron islitas. En ellas plantaron sus cosechas. Estas islas se llamaban **chinampas** o *"jardines flotantes."*

▶ A veces plantaban árboles para anclar las chinampas al fondo del lago.

324

Cosechas de los aztecas

PIMIENTO

AGUACATE

TOMATE

MAÍZ

BATATA
(CAMOTE)

La comida

Los aztecas comían muchas
verduras diferentes,
pero comían poca carne. Había
pocos animales salvajes grandes
para cazar y los aztecas no tenían
vacas ni ovejas. Las verduras que
comían, como maíz y frijoles,
tienen muchas proteínas, por lo
que podían sustituir la falta de
carne. Una masa hecha con maíz
machacado llamada tlaxcalli, se
comía con casi todas las comidas.

Cosas de la comida

● Sólo los ricos tomaban chocolate, ya
que los granos de cacao, con los que se
hace el chocolate, ¡servían también de
dinero!

● En las ceremonias especiales se hacían
unos dulces especiales.

● Criaban pollos, pavos (guajolotes) y
aun perros para comer; cazaban conejos
y pescaban.

Cómo hacer tlaxcallis

Ingredientes

450 gramos de harina

1 cucharadita de levadura (polvo para hornear)

1 cucharadita de sal

1 cucharada de margarina

175 mililitros de agua fría

1. Mezcla los ingredientes secos. Pon la margarina y mézclala también hasta que parezca migas de pan.

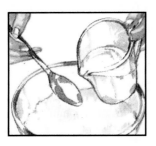

2. Añade el agua poco a poco y revuelve la mezcla con una cuchara de madera hasta que te parezca una masa dura.

3. Divide la masa en 12 bolas. En una superficie enharinada amasa y aplasta las bolas hasta que se conviertan en superficies delgadas y redondas.

4. Pide a una persona mayor que te ayude a derretir un poco de grasa en una sartén y fríe los tlaxcallis un minuto por cada lado.

Come los tlaxcallis calientes. Úsalos como envolturas y pon dentro chile o ají, aguacate, tomate picado y lechuga.

En el hogar

Los aztecas pobres vivían en casitas de una sola habitación, hechas de ramas cubiertas de barro. Las techumbres eran de ramas.

Las casas de la ciudad, cuyos propietarios eran ricos, eran más grandes. Solían construirse en plataformas elevadas y tenían paredes hechas de roca volcánica, que es fácil cortar y dar forma. Las paredes entonces se cubrían con una pasta hecha con cal, lo que hacía las paredes blancas y brillantes. Tenían un patio central al que daban varios cuartos.

En lugar de un baño muchas casas tenían una habitación separada para sudar. Estaban hechas de piedra y se calentaban con fuego alrededor de las paredes exteriores. Dentro, los aztecas echaban agua a las paredes calientes para hacer vapor. La persona se quedaba dentro hasta que empezaba a sudar. Luego salía corriendo y se tiraba a una corriente de agua o alberca cercana.

▼ Se colocaba una estatua de Xiuhtecuhtli en el sitio donde se cocinaba en todas las casas.

Muebles

Los aztecas tenían pocos muebles. Dormían en esteras en los rincones de las habitaciones y se sentaban en almohadones de paja durante el día. El centro de la habitación era el hogar, donde estaba el fuego y donde se cocinaban todas las comidas.

Los códices

Los niños aztecas recibían su educación principalmente de sus padres en el hogar. Los muchachos iban a una escuela que dirigía el calpolli. Allí aprendían a ser guerreros. Las niñas no iban a la escuela. También había escuelas en los templos donde los muchachos de familias nobles aprendían a ser sacerdotes y las niñas aprendían a ser ayudantes o curanderas.

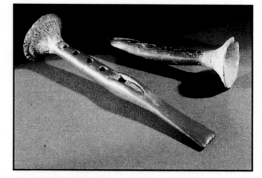

▲ Muchos niños aprendían a tocar pequeñas flautas como éstas.

Escritura

Los aztecas no usaban letras para escribir como nosotros. Usaban pictogramas, que son dibujos que representan una palabra. Varios dibujos juntos formaban una oración. Esta forma de escribir era muy simple y se usaba para los archivos, aunque se escribieron algunos libros de historia y de religión. Los libros aztecas, llamados **códices**, están dibujados a mano en piel de ciervo o en papel de corteza.

▶ Esta página de un código azteca muestra al dios sol y sus ofrendas en la parte superior y al dios de las tinieblas y las suyas en la de abajo.

Algunos pictogramas más conocidos

Como la escritura, los pictogramas eran distintos según la persona que los dibujara. ¿Puedes reconocer alguno de estos en la página del códice que está encima?

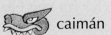 caimán

 jaguar

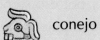 conejo

 serpiente

 movimiento

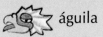 águila

 muerte

 cuchillo de pedernal

 ciervo

 mono

 mimbre

 buitre

331

Artesanía

Los aztecas juzgaban la riqueza de una persona por la belleza de sus posesiones. Un hombre rico podía emplear a un artesano para que hiciera las cosas que necesitaba. Los artesanos recibían comida u otros bienes en forma de pago.

Metales

Los aztecas no usaban metales para sus herramientas o armas. No tenían hierro ni otro metal duro. Usaban el oro y el cobre para hacer delicadas esculturas.

▼ Este ornamento de oro se llevaba en el labio.

Piedra

La roca volcánica que se encuentra en todas partes en México es muy blanda y por eso se podía cortar con las herramientas de piedra que tenían los aztecas. La gente tallaba la piedra y creaba esculturas con ella.

Alfarería

Los aztecas hacían objetos de barro muy finos, decorados con oro y pintura negra. Los hacían juntando tiras de arcilla que luego pegaban, ya que no conocían el torno de alfarero.

Trabajo de plumas

Los escudos de los guerreros y los adornos de cabeza que llevaban los aztecas se hacían con plumas de brillante colorido que se recortaban y ataban para formar agrupaciones extraordinarias.

▼ Este disco adornado con plumas muestra el símbolo de un remolino de agua.

Obsidiana

Un vidrio volcánico llamado **obsidiana** se usaba para hacer hojas para los cuchillos. También se hacían con ella jarrones y espejos.

▼ Este espejo está hecho de obsidiana pulida.

Ropa

Los aztecas llevaban ropa hecha de fibra sacada de la planta llamada **maguey**. Solamente los ricos podían permitirse usar algodón. Sus trajes estaban con frecuencia teñidos de brillantes colores y con preciosos bordados. La ropa de un azteca indicaba su edad y su posición social. Los miembros comunes de la tribu llevaban un simple taparrabo llamado **maxtli** y una capa sobre un hombro. El jefe de un calpolli llevaba una capa más brillante. Los guerreros llevaban adornos de cabeza de plumas y algunos llevaban ropa que representaba jaguares o águilas. El Gran Orador llevaba sandalias doradas.

Las mujeres llevaban una falda de la cintura para abajo sujeta con un cinturón. En la parte superior del cuerpo llevaban una amplia túnica sin mangas. Muchas se peinaban el pelo en trenzas. Tanto los hombres como las mujeres usaban joyería de jade, esmeraldas y ópalos. También usaban mucho maquillaje, las mujeres rojo y amarillo, y los hombres blanco, negro y azul.

La llegada de los españoles

Cuando Moctezuma II era Gran Orador, la civilización azteca llegó a su cima. Lejos, allá en Europa, el Imperio Español buscaba nuevas tierras que conquistar. En 1519, Cortés, el gobernador español de Cuba, llegó a México con solamente 400 soldados.

Al principio los aztecas creyeron que Cortés era el dios Quetzalcóatl, que volvía para decidir su suerte como decía la historia. No supieron si darle la bienvenida o mostrarse cautelosos. Dos años más tarde los españoles ya habían derrotado a los aztecas, matado a la mayor parte de la población y destruido completamente su ciudad principal. Los aztecas no tenían armas con las que defenderse de las armas de fuego, las armaduras de hierro y los caballos de los españoles.

▼ Una leyenda azteca decía que cuando el dios Quetzalcóatl volviera, tendría una cara pálida, una barba oscura y piernas oscuras. Para los aztecas, la espesa barba y las polainas negras de Cortés hicieron que les pareciera el dios que volvía.

Quetzalcóatl da comida al pueblo

Los aztecas contaban muchas historias de sus dioses y sobre el mundo que los rodeaba. Con frecuencia estas historias trataban de explicar algo que la gente no entendía. Ésta es la historia del descubrimiento del maíz.

Cuando llegó el momento para que los dioses crearan a los seres humanos, encontraron que era muy difícil. Era mucho más difícil que crear el resto del mundo. Lo habían intentado varias veces, pero no habían conseguido

nada. Al fin consiguieron hacer algunas criaturas que les parecieron bien creadas. Pero así y todo había un problema. La gente que habían hecho no sabía cómo o qué comer. Se morían de hambre pero no podían saber lo que les pasaba, o qué hacer para evitarlo. Los dioses no sabían cómo ayudar a las nuevas criaturas. Todos los otros animales que habían creado habían empezado a comer por su cuenta lo que necesitaban sin ayuda de los dioses. En realidad ni los dioses sabían qué era lo que las nuevas criaturas tenían que comer.

Todos los días los dioses se reunían tratando de encontrar alguna manera de ayudar a las nuevas criaturas. Y como veían que aquellas personas que ellos mismos habían hecho adelgazaban cada vez

más, los dioses empezaron a preocuparse. Si esta gente se muriera, pensaron, tendrían que empezar de nuevo.

Un día, las hormigas llegaron al lugar donde estaban sentados los dioses discutiendo lo que podían hacer con la gente que se moría de hambre.

"Nosotras sabemos dónde hay comida" dijo una de las hormigas. "Nosotras la traeremos para que ustedes la puedan dar a la nueva gente".

"Magnífico" dijo el dios Quetzalcóatl, a quien le preocupaba más la nueva gente que a los demás dioses. "Pero ¿por qué no nos dicen dónde está la comida? Luego nosotros se lo diremos a la gente".

"¡No, no, no!" dijeron las hormigas, "no podemos hacer eso de ninguna manera. Es un secreto".

Las hormigas no querían que la gente muriera.

Tenían la impresión de que la gente iba a ser útil en el futuro, pero también estaban bastante preocupadas por su propio tamaño. No querían que por ser tan pequeñas no se les hiciera caso, y querían estar seguras de ser importantes para los dioses. Les parecía que la mejor manera era mantener vivas a las personas. De esta manera estaban seguras de que los dioses las necesitarían.

Al día siguiente las hormigas trajeron la comida a los dioses. Esta comida era muy dura y sus trozos eran tan pequeños que cada hormiga podía con un grano fácilmente. Los dioses no habían visto antes nada parecido. Masticaron los granos con los dientes hasta que se ablandaron y entonces se los pusieron en los labios de las personas. Estas los tragaron y se sintieron mejor.

Una y otra vez las hormigas hicieron lo mismo, pero seguían sin decir a los dioses de dónde traían la comida. Cada día, los dioses tenían que esperar a que llegaran las hormigas con los granos, masticarlos y ponérselos a las personas en los labios. Pero Quetzalcóatl sabía que esta situación no podía durar. Por mucho que amara a las personas, se estaba cansando de alimentarlas. Las personas eran su responsabilidad, pero los otros dioses tenían otros oficios, y mientras se estaban dedicando a dar de comer a las personas que habían creado, no podían hacer que el sol brillara o que la lluvia cayera o que los ríos corrieran. Día tras día, cuando las hormigas llegaban con los granos, los dioses suspiraban profundamente y cada vez se sentían más irritados.

De nuevo Quetzalcóatl pidió a las hormigas que le dijeran de dónde traían la comida, pero ellas siguieron negándose a decírselo. Su secreto era demasiado importante. Así pues, Quetzalcóatl decidió enterarse por su cuenta.

Se transformó en una hormiga negra y se sentó a esperar en un sitio por el que sabía que pasaban las hormigas todos los días.

337

Al pasar junto a él las hormigas, se unió a la fila y continuó el camino con ellas. La procesión se dirigió derecho a una enorme montaña y por una raja muy estrecha entraron en una enorme caverna. Y en ella vio grandes montones de comida.

Quetzalcóatl se dio cuenta de que no podía hacer nada inmediatamente. Y haciendo lo mismo que las otras hormigas cogió un grano y se puso en la fila otra vez.

Cuando llegaron al sitio donde estaban los otros dioses esperando, Quetzalcóatl recuperó su forma habitual.

"Pensaron que eran muy listas guardando el secreto del grano, ¡pero yo he sido más listo todavía!," dijo a las hormigas.

"Tú puedes saber dónde está el maíz, pero no puedes dárselo a la gente sin nuestra ayuda.

La gente es demasiado grande para entrar por la rajita en la montaña por la que nosotras podemos entrar," dijo una de las hormigas y las otras asintieron.

Quetzalcóatl miró a las hormigas y sonrió de un modo que las atemorizó. Se volvió hacia el dios del trueno y le habló en secreto al oído.

El dios del trueno se puso de pie y levantó una mano. El relámpago de un rayo cayó de las nubes y sobre la montaña donde estaba oculta la comida.

Al dar el rayo en la montaña se abrió una gran raja y los granos de maíz empezaron a salir por ella.

Cuando la gente vio cómo se abría la montaña, fueron corriendo para ver lo que pasaba. Uno de ellos cogió uno de los granos y se lo llevó a la boca. Lo masticó, lo tragó y tomó otro grano. Poco a poco las demás personas empezaron a hacer lo mismo.

La gente comió hasta que no pudo más, pero seguía habiendo muchos granos. Quetzalcóatl les enseñó a

plantar los granos para que creciera más comida. Estas primeras plantas no tenían más que dos granos pero con el paso del tiempo fueron teniendo más y más granos, hasta hoy, en que las plantas tienen muchos granos. Hoy llamamos a estas plantas maíz.

De esta manera los dioses quedaron contentos porque los seres humanos podían buscar su comida por sí mismos. La gente también se puso contenta porque se dio cuenta de lo que les había pasado y cómo poder salir adelante por sus medios. Quetzalcóatl también se puso contento porque le pareció que "este" grupo de criaturas podría sobrevivir.

En lo que respecta a las hormigas, se dieron cuenta que la gente les era mucho más útil ahora que podían comer por su cuenta. La gente empezó a cocinar y encontró nuevos y deliciosos alimentos para comer, los cuales las hormigas también compartieron.

Cómo sabemos todo esto

¿Has pensado alguna vez por qué, aunque los aztecas vivieron hace más de 400 años, sabemos tantas cosas sobre su vida de todos los días?

La evidencia que se encuentra en el suelo

Los invasores españoles arrasaron Tenochtitlan, destruyendo la mayor parte de la evidencia de la forma de vivir de los aztecas, pero algunos artefactos aztecas se han conservado. Algunos templos y ciudades no fueron destruidos y existen hoy en día.

La evidencia a nuestro alrededor

Los descendientes de los aztecas todavía viven en México.
Algunas de sus costumbres diarias de hoy son las mismas desde hace 500 años. Muchos de ellos todavía hablan una forma de la lengua azteca, el náhuatl. Algunas palabras de esta lengua náhuatl han sido adaptadas por otras lenguas, particularmente las de los alimentos que originalmente se comían solamente en Anahuac, como son los tomates *("tomatl")*, chocolate *("chocolatl")* y los aguacates *("ahuacatl")*.

¿QUÉ TE PARECE?

1. ¿Por qué los aztecas fueron derrotados por los españoles tan fácilmente?

2. Nombra algunas cosas que comían los aztecas y cómo consiguieron esta comida.

3. ¿Qué opinas de la destrucción de libros y otras evidencias de la existencia de un pueblo?

ESCRIBE EN TU DIARIO

Usa pictogramas para escribir un mensaje. Luego, intercambia mensajes con un compañero y descífralos.

ARQUEOLOGÍA

Arqueología viene de una palabra griega que significa «estudio de las cosas viejas».

Gracias a esta ciencia, se ha podido conocer cómo era la vida del hombre en épocas muy antiguas, incluso mucho antes de que la historia se comenzara a escribir.

El trabajo del arqueólogo es buscar cosas que los hombres hacían y que dejaron como evidencia. ¿Cómo hace estos descubrimientos? Excavando la tierra en el lugar en que él piensa que vivió gente del grupo o civilización que desea estudiar.

Los restos de ciudades y pueblos casi siempre están enterrados; el clima, el viento y el tiempo se han encargado de tapar todo. Y si una ciudad fue destruida, comúnmente se construye una nueva sobre los escombros de la anterior.

Excavando siempre es posible descubrir los restos de casas del pueblo antiguo, los palacios que construían para sus reyes o gobernantes, los templos que hacían para homenajear a sus dioses, y en algunos casos, las tumbas que preparaban para sus muertos.

Para que el arqueólogo tenga éxito, tiene que ser muy curioso. Es fácil ver los restos de edificios cuando están a la vista, pero ir descubriendo de a poco lo que está enterrado, exige tener mucho cuidado y paciencia. Además es importante saber cuáles son las herramientas y los procedimientos adecuados para realizar las excavaciones, de forma que los restos no se dañen.

El arqueólogo también está capacitado para decidir qué edad tienen las piezas que encuentra, porque en las excavaciones frecuentemente se encuentran piezas de distintas épocas; y eso lo sabe también según la capa o estrato del suelo en que se encuentran.

Hoy día el arqueólogo hace uso de la tecnología. Hay equipos nuevos para realizar las excavaciones y se tiene más cuidado que antes al realizarlas, para no destruir nada. Los objetos que son rescatados de abajo de la tierra pueden ser mucho mejor conservados gracias a la utilización de productos químicos. También se han desarrollado procedimientos para reconocer con mayor precisión a qué época pertenecen. Por ejemplo, los restos de animales y plantas contienen un elemento llamado carbono 14, que es radioactivo. Según las cantidades que se encuentren de este elemento en los restos, se determina cuántos años hace que han muerto. Ya que las casas, los templos, etc. y también las piezas de cerámica fueron construidas con materiales que contenían plantas muertas, es posible conocer su edad usando el mismo procedimiento.

El indio del Mayab

Sin que nadie se las haya dicho, el indio sabe muchas cosas.

El indio lee con sus ojos tristes lo que escriben las estrellas que pasan volando, lo que está escondido en el agua muerta del fondo de las grutas, lo que está grabado sobre el polvo húmedo de la sabana y en el dibujo de la pezuña del ciervo fugitivo.

El oído del indio escucha lo que dicen los pájaros sabios cuando se apaga el Sol y oye hablar a los árboles en el silencio de la noche y a las piedras doradas por la luz del amanecer.

Nadie le ha enseñado a ver ni a oír, ni a entender estas cosas misteriosas y grandes, pero él sabe, sabe y no dice nada.

El indio habla solamente con las sombras.

Cuando el indio duerme, su fatiga está hablando con aquéllos que le escuchan y está escuchando a aquéllos que le hablan.

Cuando despierta, sabe más que antes y calla más que antes.

Antonio Mediz Bolio

LOS SIUX

HECHOS • CUENTOS • ACTIVIDADES

Cri

Siux

Colinas Negras

Cheyene

Navajo

Comanche

Apache

Yaqui

Océano Pacífico

Nez Perce

Montañas Rocosas

El mundo siux

Los pueblos originarios del continente americano fueron llamados indios por los europeos. Vivieron en ese continente durante miles de años antes de la llegada de los europeos. Estos pueblos estaban divididos en tribus.

Los siux, que se llaman a sí mismos dakota o lakota, eran una de esas tribus que vivían en el norte del continente, en América del Norte. Al principio vivían en el medio oriente del continente, pero cuando en el siglo diecinueve los colonos europeos que vivían en el este de Norte América empezaron a extenderse hacia el Pacífico, los siux fueron empujados por ellos hacia el oeste. En esta parte del continente, con grandes llanuras, empezaron una vida errante siguiendo a las manadas de bisontes.

346

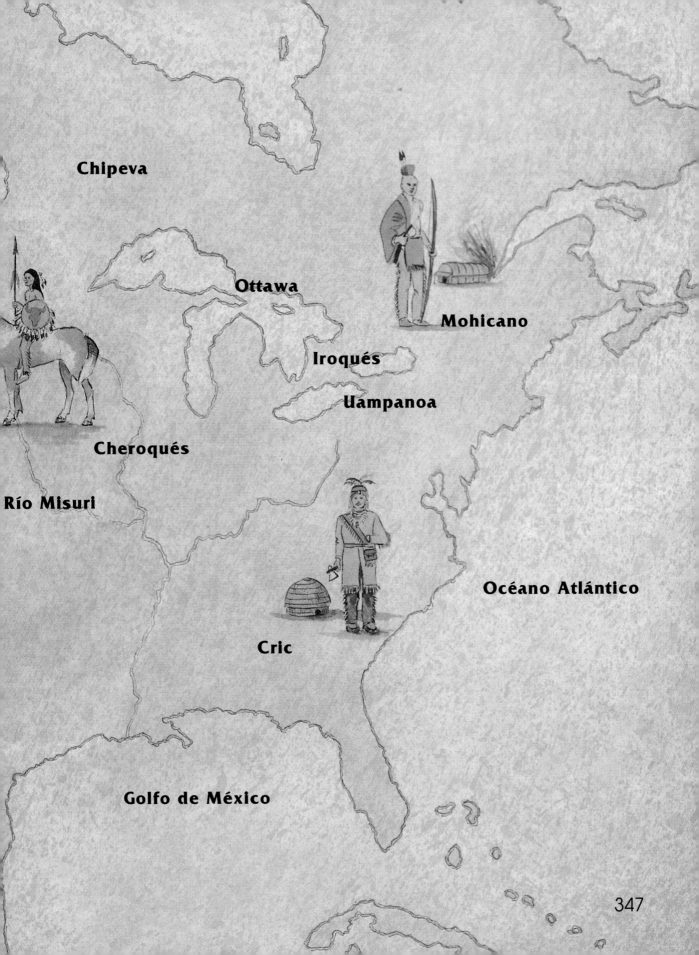

Chipeva

Ottawa

Mohicano

Iroqués

Uampanoa

Cheroqués

Río Misuri

Cric

Océano Atlántico

Golfo de México

347

Las tierras de los siux

El área de las Grandes Praderas era muy importante para los siux. En ellas encontraron todo lo que necesitaban para vivir: comida, protección contra los elementos y agua de sus ríos. Las Grandes Praderas también proporcionaban mucho espacio y libertad de movimiento a los siux para cazar y luchar a gusto. En las praderas vivían muchas especies de animales: coyotes, lobos, liebres y zorros, que las compartían con los bisontes. Los antílopes, los ciervos y los osos vivían también en ellas y en las colinas.

Los siux daban gran importancia a la tierra y se daban cuenta de que dependían de ella para seguir con su vida nómada. Creían que cuando abandonaban un campamento era importante dejar la tierra igual que la habían encontrado al llegar.

Bisontes y caballos

El bisonte era el más importante de los animales que cazaban los siux. Millones de bisontes recorrían las praderas, proporcionando una fuente constante de comida y otros materiales.

La piel del bisonte era un material muy importante, pero se necesita mucho trabajo para prepararla antes de poder usarse.

En primer lugar, la piel tiene que sujetarse tirante entre estacas. Con unos raspadores se quitaban los restos de carne y de pelo de la piel, dejándola suave. Luego esta piel sin pelo que se llama cuero se restregaba con una mezcla de hígado, grasa y sesos para conservarla suave y manejable y entonces se lavaba en agua corriente.

El proceso acababa haciendo pasar el cuero muchas veces por un agujero hecho en una madera.

Shunka wakan

Los siux llamaron al caballo shunka wakan, que quiere decir perro sagrado. Antes de que los colonizadores españoles llevaran el caballo a América del Norte en el siglo diecisiete, los siux solamente tenían perros. Los caballos podían llevar cargas mucho más pesadas y mucho más de prisa, lo que permitía a las personas seguir a las manadas de bisontes mucho más lejos. También el caballo hizo que la caza del bisonte fuera más fácil y más emocionante porque los cazadores podían cazar los bisontes y disparar sus flechas montando a caballo. El robo de caballos fue una causa corriente de las luchas con otras tribus.

• El búfalo americano o bisonte tiene la cabeza cubierta de pelo negro, largo y enredado, y el resto del cuerpo está cubierto de un pelo castaño más corto.

• Usaban unos trineos especiales llamados travois para arrastrar cargas pesadas. Antes de la introducción del caballo, los siux usaron travois pequeños tirados por perros o por personas. El caballo permitió llevar cargas más pesadas y más rápidamente.

Cuerno, cuero y carne

Los siux aprendieron a utilizar todos los elementos del bisonte.
• El cuerno se usaba para hacer cucharas.
• Los huesos se usaban para hacer cuchillos o raspadores para limpiar las pieles.
• Las vejigas servían de bolsas para guardar comida.

• Las pieles o el cuero se cosían para hacer tiendas, bolsas para guardar cosas y ropa.
• Los cráneos se pintaban con frecuencia y se usaban en ceremonias religiosas.
• Todas las partes del bisonte que tenían carne se comían.

Los héroes

Los siux se hicieron famosos durante las guerras indias. Estos líderes consiguieron unir a las tribus que no se habían unido antes en su lucha para proteger sus tierras.

• Muchos líderes de los siux trataron de negociar con los soldados blancos, pero tuvieron poco éxito.

Crazy Horse (Caballo loco)

Crazy Horse fue un líder de los siux que se negó a ceder las praderas al hombre blanco. Cuando éstos ofrecieron dinero para comprar las Colinas Negras o **Paka Sapa,** Crazy Horse dijo: «No se puede vender la tierra sobre la que las personas caminan.»

Señales

Cada tribu hablaba una lengua diferente. Para comunicarse entre ellas usaban un sistema de señales con las manos.

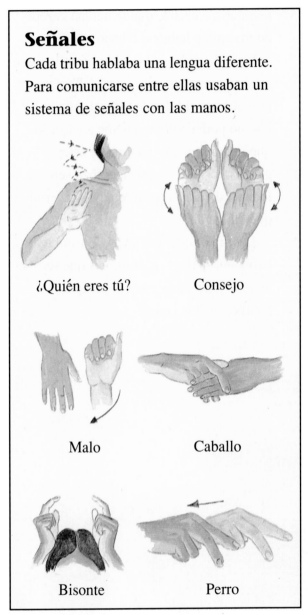

¿Quién eres tú?

Consejo

Malo

Caballo

Bisonte

Perro

Los nombres de los siux

Los niños indios no recibían un nombre al nacer. Tenían solamente un apodo. Sitting Bull (Toro sentado) tenía el apodo de Hunkesni, que quiere decir «lento». Algunos indios se ganaron el nombre con sus actos valerosos y otros recibieron sus nombres de los espíritus en sus sueños.

Sitting Bull (Toro sentado)

Sitting Bull era el jefe de los siux Hunkpapa. Luchó durante treinta años como guerrero y como líder para conservar las tierras de su gente.

Red Cloud (Nube roja)

Red Cloud era el jefe de los siux Oglala. Mantuvo al hombre blanco fuera de las sagradas Colinas Negras durante diez años, pero al final fue obligado a aceptar vivir en una **reservación.**

La tribu

Los siux fueron la tribu más grande de indios de las praderas y se dividían en varias bandas más pequeñas. Se les conoce con varios nombres, como los siux Hunkpapa o los siux Brule. Cada banda se dividía en grupos más pequeños en invierno, cuando la comida era escasa. En el verano, los grupos de cada banda se reunían en un campamento o **hoop** de verano. En esa reunión los jefes de cada grupo se contaban los unos a los otros lo que habían hecho, dónde habían cazado y contra quién habían luchado.

En cada grupo había varias familias que estaban emparentadas entre sí. Tenían un jefe que era el líder de todo el grupo. El jefe no podía obligar a nadie a hacer lo que no quería. Por encima de estos grupos, los siux se consideraban seres independientes, con libertad de hacer lo que quisieran.

Los siux no tenían leyes. En su lugar había una serie de costumbres que servían de guía para saber cómo tenía que comportarse la gente.

Cazadores y exploradores

No todos los hombres eran guerreros. Algunos hombres no luchaban nunca. Algunos hombres eran grandes cazadores y sabían todos los medios para cazar bisontes. Otros eran exploradores con gran experiencia y ayudaban a la banda a encontrar bisontes o enemigos. El hombre que tenía la mejor memoria recibía el encargo de escribir en una gran piel de bisonte lo que había pasado durante el año. Otros hombres eran los cómicos del campamento, contaban historietas y llevaban ropas divertidas.

Las mujeres

Las mujeres cuidaban del campamento mientras los hombres estaban cazando o pescando. Ellas cocinaban, buscaban leña, cosechaban productos naturales salvajes y hacían la ropa. A veces había mujeres que participaban también en las guerras y cazaban.

Las tiendas de campaña

La vida en la tienda de campaña o tipi estaba muy bien regulada. Cada persona tenía su lugar para sentarse, trabajar o dormir. Era de mala educación pasar entre el fuego y las otras personas. Para andar dentro de la tienda había que hacerlo por detrás de las personas.

Construcción de una tienda

- El cuero de 25 bisontes se cosía formando el exterior de la tienda.

- Un haz de postes se sujetaba en un extremo usando los tendones del bisonte como cuerda.

Unos postes exteriores sujetaban las orejeras del humo que se podían cerrar en el invierno.

La tienda estaba decorada de pinturas geométricas o de animales.

El fuego era el centro de la tienda.

El respaldo del marido.

Los cacharros y utensilios de cocina de la esposa.

• Los niños hacían con frecuencia sus propios juguetes, pero otros juguetes más complicados, como esta muñeca, los hacían los adultos.

Los niños

Los siux pensaban que los niños eran muy importantes porque representaban el porvenir de la tribu. Cuidaban a sus hijos con esmero y casi nunca los castigaban. El castigo más severo era el verter agua fría sobre los niños.

Los niños y las niñas aprendían a montar a caballo a una temprana edad, y para la edad de seis o siete años ya eran jinetes experimentados. Para entonces ya las niñas ayudaban a sus mamás con los quehaceres, y los niños recibían instrucción de los ancianos sobre cómo acorralar y dirigir a los caballos. No había escuelas, así que los niños aprendían las destrezas de los adultos por medio de la experimentación y la prueba.

Los niños tenían tiempo para jugar. Participaban en carreras, simulacros de batallas a caballo y otros deportes rudos. En el invierno, hacían toboganes e iban en trineo.

• Los niños pequeños iban sujetos a la espalda de su madre o de su abuela en mochilas hechas de cuero y madera.

El suelo estaba cubierto con pieles.

La comida

Los siux no cultivaban la tierra ni criaban ganado aparte de los caballos. Su comida consistía en la carne del bisonte y de otros animales salvajes, así como plantas que crecían a su alrededor en las praderas.

El bisonte proporcionaba carne fresca que se asaba o se cocía en potajes muy sabrosos. También se cortaba en tiras, se secaba y se guardaba para ser comido más tarde. Los siux guardaban la carne seca con bayas en grasa. Esta comida se llamaba **pemmican** y se guardaba para comerla cuando viajaban o en el invierno cuando la carne escaseaba. También cazaban y comían carne de antílope y alce. Usaban plantas salvajes como los nabos y las bayas para dar sabor a la carne y a los potajes. Las mujeres siux mantenían una vasija en el fuego con potaje para ofrecerlo a los visitantes.

• Antes de que los colonos europeos importaran las vasijas de metal, los siux usaron los estómagos de los bisontes para cocer el potaje. Dentro del potaje se metían piedras calientes sacadas del fuego para calentarlo.

La ropa

Los siux usaban ropa muy sencilla de uso diario pero tenían ropa más lujosa para usar en ocasiones especiales, como en las batallas o en las ceremonias.

Los hombres llevaban camisas y perneras y las mujeres usaban vestidos sueltos. Todo el mundo llevaba túnicas largas hechas con pieles de búfalo encima de la otra ropa. Se calzaban con mocasines hechos con cuero de bisonte.

En el invierno estos trajes y vestidos se llevaban debajo de espesas pieles de oso, de abrigos y con perneras largas.

En ocasiones especiales, los guerreros famosos llevaban plumas en sus cintas sujetapelo. Los guerreros y los cazadores se pintaban la cara y el cuerpo de sus caballos con pinturas brillantes y dibujos atractivos que se pensaba servían para atraer el apoyo de los espíritus importantes.

• Un guerrero siux tenía que triunfar en muchas hazañas antes de poder llevar un casco de guerra. Cuando no se usaba, el casco de guerra se enrollaba con cuidado y se guardaba en una bolsa para que no se estropeara.

Decoración

Las mujeres siux eran expertas en la decoración de mocasines, ropa y amuletos. Usaban pintura y también púas de puercoespín que se vaciaban y se cortaban para coserlas como cuentas. Los mocasines decorados con cuentas se usaban con frecuencia como símbolo de amor al marido, a los hijos o a los hermanos. Se usaban las plumas para decorar lanzas, carcajes para flechas, escudos, cascos de guerra y pipas.

La artesanía

Los siux usaban originalmente púas de
puercoespín teñidas de colores para hacer
cuentas, pero con la llegada de los
europeos traficaron para obtener cuentas
de vidrio de colores.

Tú puedes también decorar con cuentas
un trozo de tela. Primero dibuja en la tela
la decoración. Luego cose las cuentas
sobre la tela en filas. No cosas más de
seis cuentas con una sola puntada, porque
en caso contrario quedarán muy sueltas.

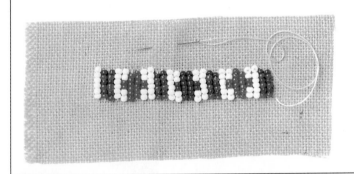

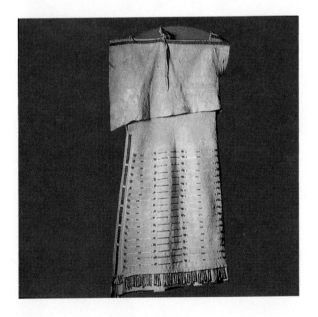

• Las mujeres mascaban trozos de cuero
por mucho tiempo para hacerlo flexible
y que sirviera para hacer ropa como
este vestido.

La llegada del hombre blanco

Como cada vez llegaban más europeos a América, éstos se extendieron hacia el oeste por las llanuras. Construyeron vías de tren, mataron a los bisontes y pusieron cercas en sus granjas. Gradualmente la forma de vida de los siux quedó destruida. Los siux lucharon para defender sus derechos y sus tierras. Aunque vencieron en muchas batallas, como la Batalla de Little Bighorn en la que Custer y todos sus hombres perecieron, finalmente los siux fueron vencidos por el ejército. Muchos indios murieron también de enfermedades contagiadas por los colonos o de hambre al ir desapareciendo los bisontes.

Los siux y otras tribus están hoy reducidos a vivir en pequeñas reservaciones. Como quedan muy pocos bisontes, han aprendido a cultivar la tierra o no tienen trabajo. Algunos tratan de vivir según su estilo tradicional y se ganan la vida con el turismo. Sin embargo, al no tener espacio para su vida nómada, su forma de vida tradicional casi ha desaparecido.

La matanza de los bisontes

• En 1850 había 20 millones de bisontes en las Grandes Praderas.
• En 1889 solamente se pudieron encontrar 551 bisontes.
• Como ahora están protegidos, hay alrededor de 15,000 bisontes.

El jefe de los cuervos

Los siux cuentan muchas historias sobre los espíritus y sobre el mundo que los rodea. Este cuento trata de explicar por qué los bisontes huían de los cazadores siux, aunque los espíritus los habían creado para servirlos.

Los siux siempre han cazado bisontes en las Grandes Praderas. Hace mucho tiempo, sin embargo, la caza era diferente. Los bisontes entendían que los espíritus los habían creado para ayudar a vivir a los siux, y estaban satisfechos con ser cazados. A su vez, los siux trataban a los animales con respeto. Nunca mataban más bisontes que los que necesitaban, y siempre pedían perdón por matar un bisonte y además daban gracias a los espíritus.

Sin embargo, lo siux tenían un enemigo: el jefe de los cuervos. En aquella época, todos los cuervos tenían brillantes plumas blancas y eran muy malos. A su jefe no le gustaban los siux, y por eso dijo a los cuervos que se posaran en las anchas espaldas de los bisontes y que les dijeran que no se dejaran cazar por los siux.

Cuando los cuervos se daban cuenta de que los cazadores siux se acercaban a las manadas de bisontes, una nube de blancos cuervos se lanzaba por el aire hacia abajo chillando a los bisontes: ¡De prisa! ¡Corre para que no te atrapen! ¡Los cazadores te persiguen!

363

Al oír esto, la grande y oscura manada salía de estampida por la pradera.

Al cabo de algún tiempo, los siux no pudieron aguantar más. El jefe de los siux reunió a toda la tribu.

«Tenemos que capturar al jefe de los cuervos,» dijo. «El cuervo cuyas plumas brillan como la nieve es el jefe.»

«Pero, ¿cómo podemos atraparlo?» dijo una mujer que estaba sentada cerca de él.

«No lo sé,» dijo el jefe, mirando a los miembros de la tribu. «Alguien debe ir solo a mezclarse con los bisontes.»

Un joven guerrero se adelantó. «Yo iré. Yo atraparé al astuto cuervo.»

«Eres muy valiente,» dijo el jefe. «El hombre de medicina te dará algo mágico para ayudarte.»

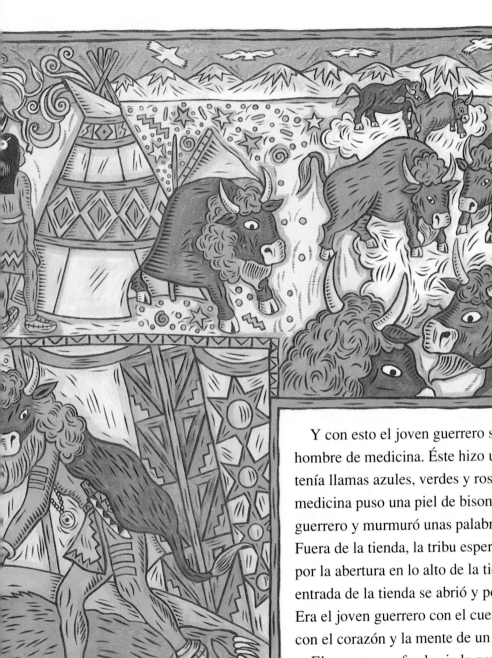

Y con esto el joven guerrero se fue a la tienda del hombre de medicina. Éste hizo una gran hoguera que tenía llamas azules, verdes y rosa. Luego el hombre de medicina puso una piel de bisonte sobre la espalda del guerrero y murmuró unas palabras mágicas en su oído. Fuera de la tienda, la tribu esperó mientras salía el humo por la abertura en lo alto de la tienda. De repente, la entrada de la tienda se abrió y por ella salió un bisonte. Era el joven guerrero con el cuerpo de un bisonte pero con el corazón y la mente de un ser humano.

El guerrero se fue hacia la pradera. En la distancia podía ver el polvo que levantaba la manada de bisontes al acercarse. Cuando pasaron cerca, se unió a ellos y siguió corriendo con ellos. Los bisontes no se dieron cuenta que había un ser humano entre ellos, porque el joven guerrero parecía y olía como un bisonte.

En las colinas que rodeaban a la pradera se reunieron los cazadores, mirando a la manada. En el cielo encima de la manada, se juntó una bandada de blancos cuervos, mirando a la vez a los cazadores y a los bisontes.

El líder dio una orden y la bandada de cuervos pasó muy bajo sobre la manada. «¡Sálvese el que pueda!», chillaban. «¡Los cazadores vienen por ustedes!»

Dando mugidos de miedo, la manada de bisontes salió de estampida.

A los pocos minutos la pradera estaba desierta y lo único que quedaba era una nube de polvo y un solo bisonte comiendo la hierba.

El jefe de los cuervos se sorprendió. Nunca había visto a un bisonte quedarse atrás cuando la manada salía de estampida. Dio una pasada baja encima del bisonte solitario chillando: «¿Estás sordo? ¡Si no corres te atraparán!»

Al acercarse el cuervo, el solitario bisonte se levantó sobre las patas traseras y dejó caer la piel de bisonte. Antes de que el cuervo se diera cuenta de lo que estaba pasando, el joven guerrero lo había atrapado por las patas y las había atado con una cuerda muy larga.

«¡Eres un mal pájaro!» le dijo el jefe siux al cuervo. «¡Has tratado de romper la unión sagrada entre el hombre y el bisonte!»

Mientras la tribu lo miraba, las brillantes plumas blancas del cuervo se volvieron tan negras como la noche. El guerrero soltó la cuerda y el cuervo echó a volar y se alejó graznando muy alto.

Desde ese día, todos los cuervos tienen las plumas negras como la noche para recordarles que no deben interferir entre el bisonte y los hombres.

Los bisontes por su lado prestan más atención que antes. Si un cazador descuidado hace demasiado ruido, la manada no espera a que la atrapen. Desaparece en una nube de polvo.

¿QUÉ TE PARECE?

1. ¿Cómo contribuyeron los siux a la cultura de los Estados Unidos?

2. ¿Por qué consideraban la tierra tan importante?

3. ¿Cómo cuidaban la tierra y preservaban los animales?

4. Los niños eran muy importantes para los siux. ¿Por qué? ¿Cómo los educaban?

5. ¿De qué manera ha cambiado la forma de vida de los siux a través de la historia?

ESCRIBE EN TU DIARIO

Imagínate que tienes un amigo siux que vive en una tribu como la que describe la historia. Escribe un párrafo y compara su vida con tu vida actual.

Canción tetón siux
Canción de ensueño de Sikáyá

Por la noche puedo errar.
Contra el viento puedo ir errante.
Por la noche puedo errar.
Cuando el búho grita,
puedo errar.

Al alba puedo errar.
Contra los vientos puedo ir errante.
Al alba puedo errar.
Cuando el cuervo está llamando,
puedo errar.

Donde el viento esté soplando,
el viento está bramando.
Yo resisto.
Hacia el oeste el viento está soplando.
El viento está bramando.
Yo resisto.

Anónimo

369

GLOSARIO

acaramelados Azucarados, que contienen caramelo: Me gustan los dulces **acaramelados.**

acarrearla Transportarla: El agua es necesario **acarrearla** con cuidado.

acogidos Recibidos: Todos los visitantes fueron **acogidos** con alegría.

aderezado Adornado: El platillo ha sido **aderezado** con una salsa.

afanaba Esforzaba: Se **afanaba** en hacer un buen trabajo.

afianzó Aseguró: Se **afianzó** para no caerse.

aguijón Púa que tienen algunos insectos para protección. Ten cuidado con el **aguijón** de la abeja.

albatros Ave de color blanco , muy voraz y buena voladora: Por el cielo veo volar un **albatros.**

alforjas Dos bolsas unidas de los extremos en donde se guardan cosas: Llevo mis **alforjas** llenas de comida.

alternar Cambiar: Debemos **alternar** los días de trabajo con los de vacaciones.

ambulante Que va de un lugar a otro: Mi primo es un vendedor **ambulante.**

andrajoso Que viste con ropas muy usadas: Se le veía **andrajoso** y descuidado.

ansias Con mucho deseo: La madre esperaba con **ansias** la llegada de su hijo.

aparentó Dio a entender algo que no es o no hay: Él **aparentó** tener más edad de la que tenía.

áridos Secos: En los terrenos **áridos** no crecen las flores.

armoniosamente Con armonía: El joven tocaba el arpa **armoniosamente.**

aspas Dos palos atravesados el uno sobre el otro formando una x: Las **aspas** eran movidas por el viento.

astucia	Habilidad para lograr cualquier fin: El cuy se libró con **astucia** del zorro.
asustadizas	Que se asustan con facilidad: Las **asustadizas** ardillas corrieron entre los matorrales.

atmósfera

atajarla	Detenerla: A la vaca fue necesario **atajarla** para que no se escapara.
atmósfera	Envoltura de aire que rodea la tierra: La nave espacial salió de la **atmósfera** rumbo a la Luna.
avidez	Ansia: Encontraron con **avidez** su comida.
azadón	Instrumento que sirve para romper la tierra: Con el **azadón** hicimos un hoyo en la tierra.

B

batracios

barquillero	Persona que hace o vende barquillos: Le pediré al **barquillero** que me venda dos barquillos de a peso.
batracios	Animales que al nacer respiran por branquias y de adultos por los pulmones: La rana y el sapo son **batracios.**
bohemio	Persona de costumbres libres: Ese artista y poeta es un **bohemio.**
boquiabierto	Que tiene la boca abierta: Me he quedado **boquiabierto** con la noticia que recibí.
bulla	Ruido: En este lugar hay mucha **bulla.**

boquiabierto

C

cachetes	Mejillas: Sus **cachetes** se ven sonrojados.
calva	Parte de la cabeza sin pelo: El señor tiene una **calva** brillosa.
canturrea	Canta a media voz: La niña **canturrea** una canción.
cautivos	Prisioneros: A los pájaros no les gusta estar **cautivos.**
celebrado	Festejado: Ellos han **celebrado** una gran fiesta de cumpleaños.
cerbatanas	Instrumento con el cual se pueden lanzar objetos: Soplando nuestras **cerbatanas** lanzamos pequeñas piedras.
ceremonias	Actos: Fuimos a las **ceremonias** de graduación.
clausurado	Cerrado: Ese teatro ha sido **clausurado** por falta de fondos.
codiciado	Deseado: Ese tesoro es muy **codiciado** por todos.

cachetes

371

código   Clave: Necesitamos conocer el **código** para comprender
                     ese mensaje.

cólera   Enojo: Él sintió mucha **cólera** al no encontrar su libro.

columpiándose   Meciéndose: Los niños se divierten **columpiándose** en el
                     parque.

complaciente   Agradable: El padre es muy **complaciente** con sus hijos.

conmovido   Emocionado: El joven se siente **conmovido** por la necesidad
                     de los demás.

consejo   Junta, concilio: El **consejo** de la tribu eligió el ganador.

convivencia   Vivir en compañía: La **convivencia** entre ellos era muy pacífica.

corteza   Parte exterior de árboles, frutas, raíces, etc.: La **corteza** del
                     árbol es muy dura.

cristalizado   Tomado forma de cristales: El azúcar se ha **cristalizado.**

cruel   Duro, sin compasión: Hace un frío **cruel.**

CH

columpiándose

chillidos   Sonidos agudos: Se escuchaban sus **chillidos** por todas partes.

chiripa   Casualidad: Ese juego lo he ganado de pura **chiripa.**

D

despoblado

descubrir   Encontrar: Queremos **descubrir** dónde se esconde el conejo.

deseosos   Que desean: Todos estaban **deseosos** de nuevas aventuras.

deshacer   Destruir: Podemos **deshacer** el rompecabezas.

desmoronó   Se cayó: Se **desmoronó** con mucha facilidad.

despoblado   Inhabitado: Ese pueblo se ve **despoblado.**

destapa   Descubre: Él **destapa** la botella con cuidado.

destello   Rayo de luz: Vimos un **destello** de luz en la obscuridad.

digerida   Preparada por el estómago e intestinos para que el cuerpo la
                     aproveche: La fruta que comí hace media hora está
                     siendo **digerida.**

disolverse   Deshacerse: La sal puede **disolverse** con agua.

dispuesto   Con ánimo favorable, con voluntad de hacer algo: Ricardo está **dispuesto** a quedarse en casa esta noche.

enchina   Cubre el suelo con piedras pequeñas: El señor **enchina** la vereda del patio.

encolerizada   Muy enojada, furiosa, airada: Cuando la mujer perdió su dinero, se puso **encolerizada.**

enmarañadas   Enredadas: Las trenzas largas de la muchacha quedaron **enmarañadas** entre las ramas del arbusto.

ensimismado   Pensativo, cabizbajo: El muchacho caminaba muy **ensimismado.**

enterrado   Puesto bajo tierra: Hay un tesoro **enterrado.**

erguidos   Alzados: Los cisnes tenían los cuellos **erguidos.**

escarbar   Excavar, hacer huecos en la tierra: El perro empezó a **escarbar** en el jardín.

escardando   Arrancando las malas hierbas de los sembrados: Los campesinos estaban **escardando** sus cultivos.

escoja   Seleccione, elija: La maestra quiere que yo **escoja** un libro.

esmero   Sumo cuidado que se pone en hacer las cosas: La niña está escribiendo con mucho **esmero.**

espaciosa   Ancha, amplia: Ellos tienen una sala **espaciosa.**

esteras   Tejidos de esparto, o juncos: Mis amigos cubren el suelo de su casa con **esteras.**

estío   Verano: Julio y agosto son meses de **estío.**

estratagema   Ardid, treta: Los ladrones tenían una **estratagema** para entrar en el banco.

excepto   Fuera de, con excepción de, salvo: Están llegando todos los animales **excepto** los tigres.

excursión   Paseo: Los niños hicieron una **excursión** al zoológico.

espaciosa

fertilidad   Calidad de fértil o fecundo, fecundación: Tenemos que proteger la **fertilidad** de la tierra.

filosofemos   Razonemos, pensemos muy seriamente: «**Filosofemos** sobre cómo salvar nuestra selva», dijeron los habitantes de la selva.

forzarlos   Hacer fuerza, violentar; entrar por violencia: Para entrar en los autos, tuvieron que **forzarlos.**

fósil   Fragmento de animal o planta muy antiguo que se ha hecho piedra: En esa cueva encontraron el **fósil** de un dinosaurio.

fragancia   Olor muy agradable: Me gusta la **fragancia** de ese perfume.

frote   Roce, frotamiento, fricción: El **frote** de una superfice con otra produce calor.

fugaces   Que desaparecen en seguida: Veo en el cielo varias estrellas **fugaces.**

gajito   Ramito: El **gajito** del arbolito caía como sin aliento.

guadaña   Cuchilla para segar: La **guadaña** estaba afilada.

hacienda   Finca rural: La **hacienda** está lejos de la ciudad.

hálito   Aliento, vapor que sale de la boca: Su **hálito** empañó el espejo.

helicóptero   Máquina que vuela con hélices horizontales: El **helicóptero** voló sobre la ciudad.

hortalizas   Legumbres: Los espantapájaros protegen las **hortalizas.**

hoyo   Hueco: La chiquilla llenó el **hoyo** de agua.

hoz   Instrumento cortante: La **hoz** se usa para segar.

huella   Pisada: Sobre la arena dejamos nuestra **huella.**

impertinencia   Falta de respeto: Ellos actuaron con cierta **impertinencia.**

indagó   Averiguó: El detective **indagó** acerca del robo.

374

insecticida   Veneno para matar insectos: Debemos tener cuidado con el
                  insecticida.

intimidado   Que le ha causado miedo: El gato ha sido **intimidado** por el perro.

intruso   Que se ha introducido sin permiso o derecho en algún lugar:
                  Ellos encontraron a un **intruso** en el salón.

jadeaba   Respiraba agitadamente: El perro **jadeaba** de tanto correr.

larvas   Estado de algunos animales antes de ser adultos: El
                  estanque está lleno de **larvas.**

lidia   Pelea: Iremos a una **lidia** de gallos.

limo   Fango, lodo: El elefante siempre se cubre de **limo** para
                  protegerse de los mosquitos.

limosna   Lo que se le da a un pobre gratuitamente: Quiero dar una
                  limosna al pobre.

lugareños   Personas que viven en el pueblo, ciudad, etc.: Todos los
                  lugareños fueron muy amables con los visitantes.

madreselva

madreselva   Planta de flores muy olorosas: Mi madre plantó un gajo de
                  madreselva en el jardín.

madriguera   Cueva donde viven algunos animales: El conejo se escondió en
                  su **madriguera.**

malezas   Matorrales: Mi pelota se ha perdido entre las **malezas.**

matas   Plantas: Podemos sembrar más **matas** en este lugar.

mazorquitas   Panojitas de maíz: Compramos en el mercado muchas **mazorquitas.**

membranas   Tejidos delgados y flexibles: Esas **membranas** se han roto.

metamorfosis Cambio, transformación: El sapo es un animal que sufre
                  una **metamorfosis.**

milpa   Tierra donde se siembra maíz: El campesino ara su **milpa**.

mitos   Leyendas o historias que no son verdaderas: Todas esas historias son **mitos**.

necio   Terco, porfiado: Mi gato es un **necio** y no quiere salir.

ñame   Planta de hojas muy grandes: En la cena comeremos **ñame**.

oferta   Promesa que se hace de dar algo: Mi abuelo tiene una buena **oferta** de negocios.

postalita

parcela   Porción de tierra pequeña: Puedes sembrar maíz en tu **parcela**.

parvadas   Bandadas de aves: Las golondrinas vuelan en **parvadas.**

patoja   Muchacha: ¡Qué **patoja** más bonita!

pille   Agarre, atrape: Cuando le **pille** hablaré con él.

pizcamos   Cosechamos: **Pizcamos** tomate durante muchas horas.

portátil   Que se puede llevar de un lugar a otro: Tengo un teléfono **portátil.**

postalita   Tarjeta pequeña: Mis primos nos trajeron una **postalita.**

postiza   Que no es natural, agregado: Esa pieza es **postiza.**

presintió   Adivinó algo antes de que sucediera: José **presintió** que ganaría un premio.

procesiones   Grupo de personas que van ordenadamente de un lugar a otro: Las **procesiones** son muy populares en este pueblo.

propósito   Intención de hacer o no hacer algo: Tengo el **propósito** de estudiar mucho.

proteger   Cuidar: La gallina tiene que **proteger** a sus pollitos.

provenía   Venía: El sonido **provenía** de una campana.

puntiagudas   Que tienen punta: Tenía las uñas **puntiagudas** y largas.

puntiagudas

ración   Porción, parte: Todos los animales comerán la misma **ración.**

raja   Grieta, fisura: El rayo abrió una **raja** en el árbol.

raudales   Agua que corre desordenada y rápidamente: El agua cayó a **raudales.**

reclamo   Llamado: El hijo llegó al **reclamo** de su madre.

recriminación   Reproche: Trató de evitar toda **recriminación.**

reemplazar   Cambiar una cosa por otra: Debemos **reemplazar** todas las partes quebradas.

relamía   Pasaba la lengua por los labios: Se **relamía** al ver a su mamá preparando el pastel.

remiré   Volví a mirar: Miré y **remiré** en busca de una solución.

remontar   Elevar en el aire: La paloma debe **remontar** el vuelo.

reserva   Lo que se tiene guardado para el futuro: Debemos tener agua de **reserva.**

restablecer   Volver a poner algo del modo que se encontraba antes: Debemos **restablecer** la comunicación interrumpida.

reverberaron   Reflejaron: Los rayos del sol **reverberaron** en la superficie del lago.

rudimentarios   Simples: Esos instrumentos de caza son **rudimentarios.**

sacrificio   Esfuerzo hecho o pena sufrida por lograr algo: Haré un **sacrificio** por estudiar más.

savia   Líquido que corre dentro de las plantas: La **savia** transporta todos los alimentos por la planta.

sellaron   Confirmaron: Ellos **sellaron** su amistad con un abrazo.

silbato   Instrumento que sirve para silbar: Se oyó a lo lejos el sonido
                 de un **silbato.**

surcos   Cortadura que se hace en la tierra con el arado: El campesino
                 coloca las semillas en los **surcos.**

tecorrales

taparrabo   Pedazo de tela que cuelga de la cintura: Antiguamente algunos
                 indígenas usaban un **taparrabo.**

tecorrales   Cercas de piedras: Construimos **tecorrales** para evitar que
                 las ovejas se escapen.

tenue   Débil: Una luz **tenue** ilumina la habitación.

terrones   Trozos de tierra apretada: Quita los **terrones** de tierra antes de
                 plantar.

tundra   Terreno abierto y plano: En una **tundra** no hay árboles.

usualmente   Comúnmente: **Usualmente** todos llegan a tiempo.

viandero

viandero   Vendedor de comida: El **viandero** siempre viene a la
                 misma hora.

viceversa   Al revés, al contrario: Coloquemos las manzanas en la
                 caja de las uvas y **viceversa.**

yunta

yuca   Planta comestible: Me gusta comer **yuca** cocida.

yunta   Par de bueyes u otros animales que sirven en el trabajo
                 del campo: Mi padre trabaja en el campo con una **yunta.**

Acknowledgments continued

CELTA Amaquemecan: *Cuento de Junio* by Susana Mendoza and Felipe Dávalos. Originally published by CELTA Amaquemecan, Amecameca, México © 1991.

Laredo Publishing Co., Inc.: *Los aztecas* by Robert Nicholson and Claire Watts. Original English title *The Aztecs*, published by Two-Can Publishing Ltd. Translated by José Ramón Araluce. Translation copyright © 1993 by Laredo Publishing Co., Inc. Published by Laredo Publishing Co., Inc., Torrance, California.

Laredo Publishing Co., Inc.: *Los siux* by Robert Nicholson and Claire Watts. Original English title *The Sioux*, published by Two-Can Publishing Ltd. Translated by José Ramón Araluce. Translation copyright © 1993 by Laredo Publishing Co., Inc. Published by Laredo Publishing Co., Inc., Torrance, California.

Editores Mexicanos Unidos, S.A.: "Encanto de luna y agua" by Alejandro Casona from *Tesoro del declamador universal*. Copyright © 1984 by Editores Mexicanos Unidos, S.A. Published by Editores Mexicanos Unidos, S.A., México, D.F., México.

Agencia Literaria Carmen Balcells, S.A.: "Me gustas cuando callas" by Pablo Neruda from *Veinte poemas de amor y una canción desesperada*. Copyright © 1924 Pablo Neruda. Fundación Pablo Neruda.

Every effort has been made to locate the copyright holders for the selections in this work. The publisher would be pleased to receive information that would allow the correction of any omissions in future printings.

Photo Credits

Key: (t) = top, (b) = bottom, (l) = left, (r) = right, (c) = center, (bg) = background

7, Laredo Publishing; 8, Laredo Publishing; 10, Laredo Publishing; 53, Laredo Publishing; 55, Laredo Publishing; 56, Laredo Publishing; 86, Laredo Publishing; 164-165, Laredo Publishing; 167, HBJ/Britt Runion; 172-173, Michael Portzen/Laredo Publishing; 202, Laredo Publishing; 208-209, HBJ Photo; 214, Laredo Publishing; 219, Laredo Publishing; 224, Laredo Publishing; 238, Laredo Publishing; 248-249, HBJ/Maria Paraskevas; 250, Laredo Publishing; 266, Laredo Publishing; 276-277, HBJ/Debi Harbin; 312-313, HBJ/Debi Harbin; 316-317, Laredo Publishing; 322-325, Laredo Publishing; 328, Laredo Publishing; 330, Laredo Publishing; 332, Laredo Publishing; 341, Laredo Publishing; 342, Laredo Publishing; 344-345, Laredo Publishing; 348-349, Laredo Publishing; 351, Laredo Publishing; 353, Laredo Publishing; 357, Laredo Publishing; 360-361, Laredo Publishing

Illustration Credits

Cover by José Ramón Sánchez; Armando Martínez, 4-11; Wendy Chang, 12-15, 82-83, 166, 167, 170, 171, 276, 277, 343, (Glossary) 370-378; Ricardo Gamboa, 16-19; Ludmil Dimitrov, 79, 206, 207, 210, 211, 236, 237; Mikail Mayóns, 80, 81, 278, 279; Pamela Drucker, 84, 85, 233; Deborah Ross, 168, 169, 246, 247; Gino Hasler, 204, 205, 222, 223, 264, 265; Iraj Sohaei, 212, 213; Zarella, 234, 235; Roger Ernest, 282, 283, 311; Monica Edwards, 314, 315; Haydee Kratz, 262, 263.